年度报告
Annual Report

主　编　刘志明
副主编　徐　滔　杨斌艳

中国微传播指数报告 2018

中国社会科学出版社

图书在版编目（CIP）数据

中国微传播指数报告．2018 ／刘志明主编．—北京：中国社会科学出版社，2018．6

ISBN 978 - 7 - 5203 - 2067 - 2

Ⅰ．①中…　Ⅱ．①刘…　Ⅲ．①互联网络—传播媒介—研究报告—中国—2018　Ⅳ．①G206．2

中国版本图书馆 CIP 数据核字（2018）第 024287 号

出 版 人　赵剑英
责任编辑　喻　苗
责任校对　郝阳洋
责任印制　王　超

出　　版　中国社会科学出版社
社　　址　北京鼓楼西大街甲 158 号
邮　　编　100720
网　　址　http://www.csspw.cn
发 行 部　010 - 84083685
门 市 部　010 - 84029450
经　　销　新华书店及其他书店

印　　刷　北京明恒达印务有限公司
装　　订　廊坊市广阳区广增装订厂
版　　次　2018 年 6 月第 1 版
印　　次　2018 年 6 月第 1 次印刷

开　　本　710 × 1000　1/16
印　　张　15．75
插　　页　2
字　　数　201 千字
定　　价　66．00 元

中国微传播指数报告
编委会成员

中国微传播指数报告

主　编：

刘志明　中国社会科学院新闻与传播研究所研究员

　　　　中国舆情调查实验室首席专家

副主编：

徐　滔　腾讯公司政务舆情部总监

杨斌艳　中国社会科学院新闻与传播研究所副研究员

　　　　中国舆情调查实验室秘书长

目　录

上篇　指数篇

中篇　案例篇

下篇　海外篇

前　言

伴随着互联网与移动媒体的迅速普及，中国开始全面进入新媒体时代。和传统媒体时代相比，新媒体用户不再仅仅是网络媒体信息的接收者，而同时拥有了信息的生产者、传播者、接收者三种身份。用户使用媒体的目的和功能指向也随之发生根本变化，单一的信息需求转变为社交、生活服务等于一体的综合服务诉求。关系传播和情感传播成为这一时代的核心竞争力，同时弱关系传播也开始盛行，人们通过兴趣爱好、地缘关系等共同点在社交媒体上集聚，通过社交媒体交流并实现某些诉求甚至开展线下活动。用户从静态的、被动的信息接收方转为动态的、主动的信息互动方，并可以自助选择和发布信息，用户的自主地位大幅度提升。与此同时，用户产生的内容的流量超过传统网站制作的内容流量，标志着微媒体时代的全面到来。

中国社会科学院舆情调查实验室的调查显示，自 2014 年后，依靠新媒体获取信息的比例超过 70%，开始全面超越传统媒体，而且每年呈上升趋势。其中，30 岁以下年轻群体，以朋友圈和微信群等社交媒体和自媒体获取信息的比例更高。微博、微信、新闻客户端等微媒体已不再仅仅是一种新媒体或者传播工具，而是正在成长为新的现实空间和社会组织，对社会各个方面产生全方位的影响。新媒体舆情对政治生活、社会治理、企业经营、人际关系等带来巨大而深远的影响。如何利用新媒体开展有效传播和实施舆情管理，也成为政府治理现代化以及企业经营管理的重要组成部分。

在这种大背景下，传统媒体几乎无一例外融入到互联网中。在新的媒体环境下，内容传播渠道得到大幅度扩展，媒体的功能也日益多样化。媒体间在竞争加剧的同时，也出现了新的合作空间。“媒体融合”正从概念变为现实。在这一过程中，如何准确和全面的衡量各媒体的影响力，以及各个传统媒体在网络中的影响力，就有着非常重要的现实意义。

中国社会科学院舆情调查实验室自2012年成立以来，以打造国家级舆情智库和构建新媒体与大数据研究平台为目的，持续实施中国舆情指数调查，打造中国舆情调查与监测系统。通过对国家舆论议程设置、舆情传播状况、行业或企业的新媒体传播效果开展综合性评估，并为政府部门及企事业机构提供综合舆情管理解决方案。以此为基础，编辑出版的“中国舆情智库丛书”包括:《中国社会舆情指数报告》《宜居中国发展指数报告》《旅游扶贫指数报告》等系列年度报告，以及舆情管理和大数据等相关专著。

本书是本实验室与中国社会科学院新媒体研究中心、腾讯舆情指数共同开展的“国家微传播指数”项目成果一个汇总。目的在于通过构建对微媒体传播力的测量指标体系，探索为媒体舆情发展变化与传播的规律，进而为构建新媒体舆情管理学提出新的构想。

新媒体舆情管理学是一个新的、跨学科的，同时又具有鲜明的中国特色的开放式研究领域，未来有可能发展成为一门新兴的复合学科。通过研究新媒体舆情产生、变化和发展的规律，形成舆情监测、管控、预测的体系，促进政府和社会治理水平的提高，服务于新媒体营销与传播管理。而本实验室将联合中国舆情调查与研究联盟成员机构和社会各界，为实现这一目标持续努力。

上篇

指数篇

新媒体时代微传播指数体系的构建

刘志明*

在传统媒体时代，电视收视率、报纸发行量、广告覆盖率以及媒体接触度等是测量传播效果的重要评价指标和依据。而新媒体时代的突出特征是传播形态的多样化与媒体的“碎片化”，从而使媒体传播效果的测量变得越来越困难。这也成为新媒体时代有效开展传播和对媒体实施有效管理的主要阻碍因素。在新媒体和传统媒体逐步融合的大背景下，如何构建客观、科学及有效的传播力评价指数体系，不仅对于打造媒体健康发展的环境有着重要的现实意义，也是推进新媒体传播理论建设必不可少的组成部分。

一 构建微传播指数体系的背景与意义

（一）背景

新媒体国家传播指数计划是由中国社会科学院舆情调查实验室与新媒体研究中心于 2015 年共同发起的，并得到人民网舆情监测

* 中国社会科学院舆情实验室首席专家，新闻与传播研究所研究员。

室、腾讯指数及中国舆情调查与研究联盟成员机构的支持。

中国社会科学院舆情调查实验室与新媒体研究中心的母体——中国社会科学院新闻与传播研究所是中国传媒调查和新媒体研究的开创者与引领者。1982 年，由中国社会科学院新闻研究所与北京新闻学会等发起的北京市居民媒体接触情况调查，是国内首次实施的最大规模的受众调查。这次共调查 12 周岁以上居民 2423 人。调查问卷包括 54 个问题，前 24 题主要对北京受众接触报纸、广播、电视的习惯、渠道、兴趣及对新闻报道的评价作综合考查；后 30 个问题是对《人民日报》《工人日报》《中国青年报》的专题调查。先后有二十多家国内外的报刊、电台、通讯社对该项调查结果进行报道，引起了各方的广泛关注。此后，传媒调查和舆论调查开始在国内由点到面逐步普及。

2003 年，中国社会科学院新闻与传播研究所传媒调查中心成立，开始构建全国性传媒舆论调查网络，实施从媒体调查到社会舆论调查在内的各种连续性研究。并积累了相当数量的调研数据。以此为基础，在 2013 年成立了中国社会科学院舆情调查实验室以及由二十多家国内舆情机构参与的中国舆情调查与研究联盟。其目的，一是研究新媒体时代舆情调查与监测的技术、方法，比较其各自的特点、优势、不足，并逐渐总结出一套适合于中国国情，同时又与国际接轨的调研体系，为中国舆情调研整体水平的提升服务；二是合作开展定期舆情调查，构建统一的舆情大数据库，探索中国舆情发展变化的规律；三是开展舆情理论研究和国际比较研究，为构建新媒体舆论管理学奠定基础。

中国社会科学院新闻与传播研究所同时也是国内最早开展互联网和新媒体研究的机构之一。由新闻所编辑出版的新媒体蓝皮书——《中国新媒体发展报告》是国内新媒体研究年度重要成果的汇集。2015 年成立的中国社会科学院新媒体研究中心，重点研究领域包括：新媒体的传播规律、传播特征；新媒体政策法规措施研究；新媒体版权保护；新媒体用户行为特征；新媒体产业发展影响；新媒体与社会各方面的互动等。而构建新媒体舆情国家传播指数则是各项研究工作的核心与基础。

（二）意义

1. 媒体融合发展的需要

中国社会科学院舆情调查实验室持续多年的调查显示，从 2014 年开始，以互联网、智能手机为代表的新媒体在影响范围上，已开始全面超越电视、报纸等传统媒体，微博、微信、手机新闻客户端等为代表的新媒体，成为人们获取或传播信息的首要渠道。我们正在从大众传播时代向微传播时代迈进。

这对传统媒体的发展构成了严峻挑战。2014 年，中央深化改革领导小组发布了《关于推动传统媒体和新兴媒体融合发展的指导意见》，开启了媒体融合的新进程。这一进程无疑将持续很长时间，值得我们跟踪研究。而新媒体舆情指数体系的构建，对于找准媒体融合发展的难点与痛点，有针对性地从理论层面加以分析总结，探寻规律，指导媒体的融合发展有着非常重要的意义。

2. 新媒体理论研究的需要

随着新媒体的发展以及政治社会及传播环境的变化，传统传播学的一些传播模式和原理、假说，诸如“把关人理论”“议程设置理论”“沉默的螺旋理论”“意见领袖”“多级传播”“使用与满足”等等，在当今中国复杂的政治社会与传播环境中，正面临着新的考验，有待进一步验证、修正和扬弃。

与此同时，建设性新闻学（Constructive Journalism）成为近来新闻实践和学术界探讨的一个新的发展领域，即传统媒体如何利用社交媒体新功能，通过新闻报道致力于社会问题的解决而不仅仅是揭露。这些，都需要新媒体实证研究的数据和指标体系的支持。

3. 舆情管理的需要

研究民意，特别是网络民意，对于政府准确及时把握民意，制定科学的决策，建立健全科学有效的社会预警机制有着重要的意义。健全的社会预警体系是现代社会成熟的一个标志，建立社会预警机制的主要目的是通过对可能出现的危机事件的预测来防范社会危机。一般来说，社会冲突孕育着社会危机。大多数的社会冲突事件并不是没有前兆的，而是经过了较长时间的积累和酝酿，有其苗头可寻。因此，对社会冲突事件预警的关键就在于通过完善社会预警机制，在冲突事态扩大之前予以妥善解决，真正起到预防的作用，做到防患于未然，将冲突事件可能导致的危害降到最低，对国家舆论议程设置、舆论传播状况、相关行业或企业的新媒体传播效果开展综合性评估。而舆情评价指数的构建，对准确预测舆情发展变化趋势，提升舆情管理和危机管理能力有着直接帮助。

4. 国际传播的需要

中国作为大国崛起已是不争的事实，但国际舆论声音众多，错综复杂。中国的国家形象在相当一部分地区出现不同程度恶化的趋势。当前，国家形象等软实力在国际交往、国家间竞争的作用越来越突出，也直接影响着中国的外交与对外经济交往和人员交流。迄今为止，国家相关部门在提升国家形象方面做了大量的工作，但效果并不显著，原因之一是对国际传播特别是基于新媒体的传播，缺乏基本的数据评价体系，难以对传播效果做持续有效的改善。因此，开展中国国家形象的传播效果研究，建立国家对外舆情传播的指标体系，对进一步提升中国的国家软实力有着极为重要的意义。

（三）问题与挑战

新媒体传播力评价指数体系的构建，面临两大问题和挑战，一是方法，二是数据。从评价方法来看，无论是传统媒体时代还是新媒体时代，沿用的都是“流量思维”，即把阅读量、收视率、点击量作为传播力的主要评价依据。其结果，是造成了传统媒体的“收视率至上”和新媒体的“爆款产品”“10 万 +”的迷思。

在新媒体全面普及的今天，传统意义上的“大众”已经不复存在，而是碎片化成不同的社群和圈层。不同属性、不同社群的人群有着不同的价值观念。同样的内容，在不同的接触点、不同的媒体上所产生的效果有天壤之别。此外，媒体接触只能是一个基本变量，接触之后还存在更多评价变量，这些都有待于通过新的指标体系来加以测量。

在数据上，主要存在两个问题，一是缺乏真实可靠的数据支撑，二是数据造假。包括收视率、阅读量、点击量造假问题非常严重，使得很多传播力数据结果缺乏基本的公信力。因而，能否建立全面的数据采集系统是构建新媒体传播力评价指数体系的前提和关键。

二　传统媒体影响力评价体系

（一）媒体影响力研究

媒体影响力研究主要采取受众调查的方式，从媒体拥有、受众构成、新闻信息源、媒体信任度等几个方面对报纸、广播、电视、杂志等传统媒体的影响力进行综合评价。

其中，受众分析的指标包括稳定受众和非稳定受众。稳定受众是指同媒介建立了稳定关系的受众，一般指在一周内有三天及三天以上接触媒介的人，称为稳定受众，否则为非稳定受众。稳定受众能够定时、定向接收媒介所传播的信息。

媒体接触时间是指每次接触媒介的时间，一般按一个单位时间内接触时间的总和或平均接触媒介的时间计算，如一周看电视的总小时数，或一周日均看电视时间。

从中国社会科学院新闻与传播研究所历年的调查数据看，截至20世纪90年代中期，城市居民获取新闻的途径依次是报纸、广播、电视和听人说；而从20世纪90年代后期开始，电视开始上升为第一影响力媒体，无论是稳定受众比例还是媒体接触时间，电视都呈现逐年上升趋势。但从2003年后，随着互联网的普及，受众对电视的接触时间开始逐年下滑。自2010年起，互联网新媒体超越电视成为第一影响力媒体。

表1　　媒体影响力评价指标构成

一级指标	二级指标	三级指标
媒体影响力	媒体拥有	报纸订阅率，电视机、收音机拥有率
	受众构成	受众属性、稳定受众和非稳定受众、媒体接触时间
	新闻信息源	获取信息的途径
	媒体信任度	信赖度、喜爱

（二）报纸影响力研究

报纸影响力的评价指标由报纸发行量、读者接触率、报纸经营状况和报纸公信力四个方面构成。其中，报纸发行量又分为订阅发行量、零售发行量、宣称发行量（印刷数量）等。

在我国，由于没有专门的报刊发行量核查机构，大多数报社用的是宣称发行量。由于缺乏这一最基础数据的支撑，往往对报纸影响力的评价难以形成统一的标准。

读者的接触率，包括读者人口覆盖率、接触报纸频度，是衡量报纸影响力的另一个核心指标。报纸在其发行区域内，人口覆盖率越高，该报读者与报纸实际接触时间越长，说明读者对该媒体的忠诚度越高，也说明该媒体的影响力越大。

报纸经营状况包括报社经营收入和收入增长率，通常来说，报纸的经营收入和影响力成正比，而且，收入增长越快，表明报纸的影响力越大。

报纸公信力是报纸影响力指数的核心与关键因素。具体包括知名度、美誉度和权威性等。其中，权威性主要测量的是读者的信任程度。

表 2　　　　报纸影响力评价指标构成

一级指标	二级指标	三级指标
报纸影响力	报纸发行量	订阅发行量、零售发行量、印刷数量
	读者接触率	读者人口覆盖率、接触报纸频度
	报纸经营状况	报社经营收入、收入增长率
	报纸公信力	知名度、美誉度、权威性

（三）电视传播力研究

关于电视传播力的评价，最常用的方法是收视率数据分析。目前国际上普遍使用的收视率调查方法有两种，一种是采用人工记录的日记卡调查法，另一种是采用电子仪器记录的人员测量仪法。日记法是指由样本户中所有 4 岁及 4 岁以上的家庭成员，将每天收看电视的频道、时间段随时记录在日记卡上，记录人员根据日记卡中的记录获取电视观众收视信息的方法。而人员测量仪法是指用收视仪来详细记录样本户中所有 4 岁及 4 岁以上家庭成员收看电视的情况，从而获取电视观众收视信息的一种方法。由于人员测量仪法具有日记卡法无可比拟的优点，因而自 20 世纪 80 年代中期美国率先使用这种方法以来，其在世界各国得到了广泛的应用。

随着收视率成为电视节目和广告交易的“通用货币”，其影响力越来越大。但随之出现的问题也越来越突出。一是“唯收视率”现象，使得低俗节目大行其道，而很多优秀节目却难以问世或持续。二是收视率数据造假，通过人为操控收视率数据，影响电视节目的身价和排期、电视台的收益、广告商的利润，进而影响整个电视产业。国家新闻出版广电总局多次采取措施严惩收视率乱象，其在 2009 年严查收视率买卖两端人群，又在 2013 年发布 22 条新规重整收视率，国内首个电视收视率调查国家标准也于 2014 年出台。即便如此，重压之下，收视率作假市场依然存在。

为了改变收视率作为电视节目评价的唯一标准的体系，中央电视台于 2011 年台推出新的节目评价体系标准，指标包括：引导力、影响力、传播力和专业性。其中分值最高的为传播力，占到了 50%，其次是影响力为 25%，引导力为 20%，专业性为 5%。而影响力和传播力又细分为相关二级指标，传播力分为收视目标完成率、观众规模、忠诚度、成长趋势四个二级指标，影响力分为公信力和满意度两个指标。但总体来看，收视率左右电视节目影响力评价的现象并没有发生大的变化。

三　新媒体传播力指数体系

新媒体传播力指数体系由两大板块构成，一是媒体融合传播力指数，即衡量传统媒体在新媒体时代的综合传播能力与效果的指数体系；二是微媒体传播力评价指数，主要是关于微博、微信和新闻客户端的评价指数体系。

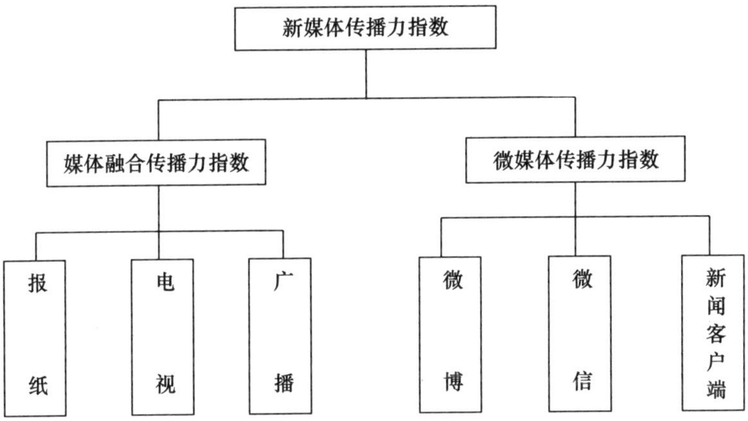

图1　新媒体传播力指数体系的构成

（一）媒体融合传播力指数

伴随互联网和新媒体的普及，传统媒体几乎无一例外地融入互联网中。在新的媒体环境下，内容传播渠道得到大幅度扩展，媒体的功能也日益多样化。媒体间在竞争加剧的同时，也出现了新的合作空间。“媒体融合”正从概念变为现实。在这一过程中，如何准确和全面地衡量各媒体的影响力，以及各个传统媒体在网络中的影响力，就有着非常重要的现实意义。

在媒体融合的传播效果评估的指标设定上，主要有四个要素要综合考虑，一是传统渠道覆盖度，如受众规模、人口覆盖率等；二是新媒体覆盖度，如粉丝量、订阅数、传播数量等；三是互动性，如评论、点赞、分享总量；四是公信力指标，即不同媒体的知名度、美誉度、权威性。

表3　　媒体融合传播力指数指标构成

一级指标	二级指标	三级指标
纸媒融合传播力	传统渠道覆盖度	订阅发行量、读者规模、人口覆盖率
	新媒体覆盖度	粉丝量、订阅数、传播数量
	互动性	评论、点赞、分享总量
	公信力	知名度、美誉度、权威性
广播融合传播力	传统渠道覆盖度	收听人口、收听率、收视份额
	新媒体覆盖度	粉丝量、订阅数、传播数量
	互动性	评论、点赞、分享总量
	公信力	知名度、美誉度、权威性
电视融合传播力	传统渠道覆盖度	收视人口、收视率、收视份额
	新媒体覆盖度	粉丝量、订阅数、传播数量
	互动性	评论、点赞、分享总量
	公信力	知名度、美誉度、权威性

（二）微媒体传播力指数

微媒体包括微博、微信、微视频、手机新闻客户端以及各种社交媒体等。随着“微媒体”的迅速普及，“微传播”正在迅速改变着传播生态和舆论格局。

微媒体传播力指数主要是对微博、微信和新闻客户端三类影响力最大的微媒体的影响力展开评价。共包括四类指标：覆盖度、传播量、互动性和影响力。其中，覆盖度的测量指标主要是粉丝数量或订阅数量等。覆盖度指数越高，说明其潜在的受众人数越多、影响范围越广。传播量既包括发文数量，也包括阅读情况。传播量指数越高，说明该媒体的文章被越多的网友所看到。互动性指数指该账号所发文章被网友分享、评论、点赞的情况。媒体互动指数越高，说明有越多的网友乐于主动参与传播、与他人分享该媒体的文章，并对该媒体的文章发表自己的观点和看法。影响力指数则主要指相关媒体在网上被关注的情况和来自用户的正负面评价。

表 4　　　　微媒体传播力指数

一级指标	二级指标	三级指标
微博传播力	覆盖度	粉丝数量
	传播量	微博总量、原创微博数量、阅读量
	互动性	转发、评论、点赞量
	影响力	关注度、美誉度
微信传播力	覆盖度	订阅数量
	传播量	发布文章数、原创数量、阅读量
	互动性	评论、点赞、分享总量
	影响力	关注度、美誉度
新闻客户端传播力	覆盖度	下载量、订阅数量
	传播量	推送文章数量、阅读量
	互动性	评论、点赞、分享总量
	影响力	关注度、美誉度

四　热点舆情指数

（一）热点舆情的分类

热点舆情通常可以分为热点舆情事件与热点舆情问题。热点舆情事件是一个时期为人们广泛关注和热议的事件。热点舆情问题则是在各种与人们切身利益密切相关的问题与事物中，由于某种契机在特定时期为人们广泛关注的问题。热点事件和热点问题相互关联，可以相互影响及转化，如环境问题一直是与人们生活密切相关的问题，但正因为雾霾的出现，才使这一问题上升为热点问题。

热点舆情事件的范围异常广泛，有些涉及重大政治、经济和社会问题，与民生利益密切相关；有些则纯粹是娱乐事件或者恶搞，这既具有转型期中国社会矛盾频发，复杂多变的社会性因素的影响，也有和新媒体发展密切相关的特点。热点舆情事件也体现了网络的双重属性，一方面，它让民众拥有更多话语空间，开创了舆论监督的新实践形式；另一方面，也导致了网民群体极化与网络暴力现象的出现，以及极端民粹思想与低俗文化泛滥。研究新媒体事件的分布、类型，发生与发展变化的规律，对于有效开展互联网治理与舆情管理有着重要意义。

热点舆情涉及的议题类型非常广泛，包括时事政治、社会民生、文化教育、企业财经、公共卫生、国际问题等几乎所有领域，并且在不同时期，人们的关注点也会有所变化。但从过去一个时期看，发生频率最高的是以下几种类型的舆情。

1. 民生问题

与自身衣食住行等生存发展密切相关的话题，统称为民生领域。从中国社会科学院舆情实验室的调查结果看，公众关注的热点问题，最为突出的问题可以分为两类：第一是占总数七成关注的热点问题，集中在食品安全问题和空气污染问题；第二是高房价问题、医疗问题和水质污染问题，约占总数的一半以上。由于众多民生问题没有得到很好解决，加之转型期民众缺乏基本的社会生存安全感，因而很容易在网络上对相关议题表现出高度的关注和一致的利益诉求。

2. 社会公平

与社会公平公正相关的议题在比例上仅次于民生问题，在影响上则占据首位。主要体现为官民对立和贫富对立的形式。主要议题有政府出台不受欢迎的政策、官员违法乱纪、政府行为不当、司法不公、权贵势力对弱势群体的伤害、警察权力滥用，征地拆迁、维权抗争事件等。从事件的关涉主体看，多涉及有垄断性权力的机构或个体，如公检法系统、职能部委、地方政府或官员、央企、大型企业等。

3. 事故灾害

事故灾害既包括天灾，也包括人祸。一般说来，事故灾害能否演变成重大热点舆情事件，除了灾害和损失的严重程度外，更多是和“人祸”的危害程度密切相关，特别是政府或权力机构在其中扮演的角色。在这种背景下，相关责任方对事故的处理过程越公开透明，舆情的扩大程度和持续时间越容易得到控制，反之，越是回避责任，压制信息公开，越容易使事件扩大化和恶化，在这方面，天津港爆炸事故是一个典型的反面例子。

4. 娱乐事件

此类事件的核心特征多是以明星或知名公众人物为主角，往往涉及性、道德、八卦等隐私的曝光。一方面是网民的广泛参与，另一方面是传统媒体的介入和传播，从而使一些微小事件演化成爆炸性舆情事件。最典型的是王宝强离婚事件。而这类事件中，还有相当一部分是由于涉及性或隐私的视频曝光，满足了人们的“窥私欲”，而使影响不断扩大的。

5. 社会安全

安全性是与民众切身利益密切相关的问题。首先是人身安全，

“和颐酒店女子遇袭”“深圳女生未带身份证被强制传唤”“雷洋事件”等，这些事件强化了公众的恐慌情绪，提高了舆情的烈度。医疗食品安全类舆情事件也会转瞬间成为社会热点，如“山东疫苗案”以及“魏则西”事件爆出后，迅速引发全国民众的关注，导致整个社会对医疗体系不信任度的进一步加深。

6. 民族主义

民族主义事件往往与国际冲突及外交事务有关，特别是涉及日本、美国、“台独”“藏独”“港独”及其他反华势力的相关事件，往往容易演化成民族主义舆情事件，典型事件如钓鱼岛争端引发中国反日浪潮。

（二）热点舆情测量维度

热点舆情的衡量维度包括五个方面，分别是长度、广度、强度、热度和态度。五个指标综合起来构成对舆情热度的评价。

1. 长度：反映某一议题或事件持续时间的长短。网络时代，往往热点问题此起彼伏，一个热点会很快取代另一个热点，通常来说，可以称之为热点舆情事件的，大都会持续一周以上或更长时间，而不是转瞬即逝。

2. 广度：通过不同渠道和媒体传播，覆盖用户人群的范围。一般说来，传播手段和渠道越多，覆盖的受众和用户人群越广泛，舆情的热点指数越高。

3. 强度：在单位时间内，反映某一议题信息文本的多少。发稿量越大，特别是在某一时间段内越集中，表明舆情的热点指数越高。

4. 热度：即关于某一议题的关注度或参与度。通过对用户的发帖、讨论和搜索行为的分析，了解人们对某机构或团体、人物、议题等的关注度。

5. 态度：对网络媒体及网民意见和态度倾向的综合度量。通过对媒体及网民的关注方向、意见倾向两个层次的分类，呈现网民的总体评价和态度状况。

表 5　热点舆情指数评价体系

	一级指标	权重（%）	二级指标	权重（%）
热点舆情指数	长度	15	持续时间	15
	广度	20	传播渠道	10
			传播范围	10
	强度	20	传播总量	10
			传播集中度	10
	热度	20	关注度	10
			参与度	10
	态度	25	正负面评价	25

热点舆情指数通过对以上指标计算，将不同热点事件或议题的热度转化成具体数值，形成整体议题的舆情指数，帮助人们更好地把握舆情的现状及其衍化的趋势性；透过舆情的随机性、偶然性找出其趋势性和必然性。该指数可以与其他议题之间进行比较和排序；并可用于舆情预警，为探索建立网络舆情监测与管理的有效机制奠定基础。

（三）热点舆情监测

热点舆情监测系统一般包含两大功能，一是信息自动采集功能。主要是通过网络页面之间的链接关系，从网上自动获取页面信息，并且随着链接不断向整个网络扩展，而新的技术突破点是关于社交媒体的信息采集和音视频信息的抓取。二是舆情分析引擎，涉及的最主要的技术包括文本分类、聚类、观点倾向性识别、主题检测与跟踪、自动摘要等计算机文本信息内容识别技术和音视频识别技术。

舆情分析引擎的功能是整个监测系统的核心，通常包括以下几个方面：（1）识别功能。热点话题、敏感话题识别，可以根据新闻出处权威度、评论数量、发言时间密集程度等参数，识别出给定时间段内的热门话题。利用关键字布控和语义分析，识别敏感话题。（2）追踪功能。对主题、人物或机构的追踪和聚焦。跟踪的具体内容包括：信息来源、转载量、转载地址、地域分布、信息发布者等相关信息元素。（3）关注度分析功能。通过参与度和波及度等要素来考量，是衡量相关话题网络影响力的重要指标，网络关注度越高，表明其在网络中越受关注，网民参与讨论越活跃，相关话题在网站间的传播越广。（4）趋势分析功能。对突发事件进行跨时间、跨空间综合分析，获知事件发生的全貌并预测事件发展的趋势。（5）信息自动摘要功能。能够根据文档内容自动抽取文档摘要信息。用户无须查看全部文章内容，通过该智能摘要即可快速了解文章大意与核心内容，提高用户信息利用效率。（6）报警功能。对突发事件、涉及内容安全的敏感话题及时发现并发出危机预警，可以根据事件的危机等级，启动不同的危机公关处理方案，从而快速地控制事件的发展方向。（7）统计报告功能。根据舆情分析引擎处理后的结果库生成报告，为用户提供决策支持。

尽管各种舆情监测系统的功能在不断升级，专业的舆情分析方法也在不断改善，但单独采用网络监测的方法来研究网络舆情，特别是真实的社会舆情的局限性越来越突出，各种技术和方法的改进都难以突破这一瓶颈。

尽管网民享有了表达自己意见的自由，但网络信息却并非其态度、意见和情绪的直接和客观反映。首先是因为网络的虚拟性，网民的真实身份不为他人所知，所以，网络言论往往呈现情绪化和极端化现象，较少有客观理性的分析与言论。其次是大量网络“水军”的存在，出于获利的目的，故意歪曲事实和炮制假新闻。

因此，网络舆情监测只是获取舆情研究数据的一种手段，只有通过和传统的社会调查、舆论调查等方法及研究成果相整合，才能进一步提升舆情研究的水平，使之更科学、严谨，成为各种决策的重要依据。在目前的中国国情下，建立基于概率样本库（Probability－based panels）的热点在线舆情调查系统有着重要的现实意义。

首先，概率样本库采用随机抽样方式招募样本库成员，并覆盖不上网人群，能最大限度地保证与实际人口构成的均衡性；其次，概率样本库可以用于网络调查，也可用于面访，及各种特定条件的调查。为保证成本与效率的最优化，通常可以采用针对网民进行网络调查，而非网民则以面访或提供上网设施来弥补。

社会情绪指数的构建

季芳芳　刘晓红*

本项研究将社会情绪界定为国民对未来的信念，即社会情绪指数测量的是国民长久发展的信心。本文以中国社会科学院中国舆情调查实验室执行的舆情调查第二期、第三期数据为数据源，采取相应的指标进行计算，探索编制反映人们生活信心、体现人们情绪的社会情绪指数（Social Mood Index，SMI）。

一　社会情绪的概念分析和指数化

情绪（mood）和社会情绪（social mood）存在多种概念化方式。一些基于大数据的情绪分析将情绪分为正向、负向情绪，比如在"国家的脉搏"（Pulse of the Nation：U. S. Mood Throughout the Day）这项研究中，来自西北大学和哈佛大学的研究者根据 twitter 上的数据，用可视化的方式展示了网民在一天中的正负情绪

* 刘晓红，中国社会科学院新闻与传播研究所研究员，研究领域：传播研究方法和传播心理研究；季芳芳，中国社会科学院新闻与传播研究所副研究员，研究领域：新媒体和国际传播。

(mood) 波动图。除了正负情绪，情绪也被细化为快乐、悲伤、愤怒、恐惧和厌恶。①

在另外一些研究中，情绪则与信念有关。在社会经济学（socionomics）范畴中，情绪一词用于投资语境，往往指向的投资者是对未来的信念。比如，情绪被界定为个体或群体对未来的感觉，而社会情绪（social mood）被界定为社会总体对未来的信念②。Peter Atwater 指出个体情绪是我们潜在的信心，它是指我们对自己和对周遭世界的确定程度，不管我们对此是否有所体察。③ 他进一步指出，这是一种前瞻性的测量，是关于对未来的确定/不确定的感觉，是对我们当下的决定在未来是否成功的感觉，所以情绪（mood）和信心（confidence）是同义词（synonym）④。情绪（mood）/信心（confidence）被认为与对未来的确定性高度相关。

为了研究公众情绪，我们需要找到合适的指标来对公众情绪进行测度。高兴/愤怒等感性特征是针对事件的因此不能长久持续，不适宜用指数来衡量。我们的方案建立指数测量信心和确定性。本项研究将社会情绪定义为国民对未来的信念，即社会情绪指数测量的是国民在所处社会长久发展的信心。

社会情绪将实质性地影响个人和社会的发展。此外，这个概念需要多个测题构成量表进行测量。从指标的筛选方面，结合中

---

① 陈浩：《中国社会情绪的脉搏：网络集群情绪的测量与应用》，载胡泳、王俊秀编《连接之后：公共空间重建与权力再分配》，人民邮电出版社 2016 年版，第 288—303 页。

② John L. Casti, Mood Matters: From Rising Skirt Lengths to the Collapse of World Powers, Copernicus, 2010, pp. 24, 26.

③ Peter Atwater, Moods and Markets: A New Way to Invest in Good Times and in Bad, Minyanville Media, 2012, p. 12.

④ Ibid., p. 16.

国具体情况，可以观察影响国民信心指数的因素包括：反腐、房地产政策、教育、医疗、法律、环境等，也可以观察在个人条件允许的情况下是否选择移民等。指数建立后，可以观察以及探索不同人口特征、不同状况与处境的国民情绪指数差异等。与此同时，情绪的指数化，也便于观察随着时间变化，社会情绪的变化情况。

与本研究较为相关的指数包括经济领域的消费者指数以及中国社会信心指数。目前若干机构已经推出消费者信心指数，包括密歇根消费者调查、世企研消费者信心指数等，但这些指数往往以消费者信心为主要的测度目标，未触及社会、政治层面。中国社会科学院社会发展研究院构建的社会景气和社会信心指数，主要是通过“社会景气”和“社会信心”两个概念来对社会发展的现状与趋势进行概括。在该指数中，“社会信心”被操作化为民众对未来有关社会福祉、社会公平、社会包容状况的发展预期，这是社会能否可持续发展的民众信心基础，包括对社会总体事项的信心度和对个体事项的信心①。而本研究构建的社会情绪指数考察的不仅仅是受访者对未来状况的乐观程度，也包括对过去状况的比较，两者对于情绪指数构建的逻辑基础并不相同。

二 社会情绪指数构建的量表设计

就社会情绪指数构建的逻辑，我们需要厘清若干方法层面的问题。

---

① 张彦等：《发展过程中的社会景气与社会信心》，《中国社会科学》2015 年第 4 期。

第一个需要说明的问题是个体情绪和社会情绪的关系。情绪分成个体情绪和社会情绪，问卷搜集的个体情绪数据，社会情绪指数是以个体情绪数据作为基础来测量整体情绪。社会情绪是指一个特定的群体、社区、人群或社会对未来的感觉①。社会情绪是个体情绪的加总（aggregate）、集合（collection），但并不是“部分”的加总（sum of the parts），而是“驱使情绪变动的那些互动（再互动）”的加总。② 换言之，社会情绪是个体情绪的加总，但不是简单地由个体加总而成，而是经由各种交互以及再交互形成。两者关系为通过问卷调查个体情绪获得社会情绪提供了依据，从本质上看后者并不是前者的简单集合。这也可以清楚解释个体情绪与社会情绪之间的差异。群体的社会情绪即便是正面的乐观的，对未来有所期待，并不意味着个体享有这样的情绪。即，虽然人群中个体的感觉不尽相同，但是在任意给定时间，群体作为一个整体是偏向某一侧的。③

第二个问题有关社会情绪的操作化以及题器的设置。我们从两个方面对社会情绪进行操作化，包括与过去经济状况的比较，也包括人们对国家的经济社会发展形势、就业、腐败、贫富差距、房价、污染、医改、食品安全等宏观层面问题的预期以及感受。根据以上对情绪的操作化，本研究设计的测量题目如表 1 所示。

---

① John L. Casti, Mood Matters: From Rising Skirt Lengths to the Collapse of World Powers, Copernicus, 2010, p. 24.

② Peter Atwater, Moods and Markets: A New Way to Invest in Good Times and in Bad, Minyanville Media, 2012, p. 24.

③ John L. Casti, Mood Matters: From Rising Skirt Lengths to the Collapse of World Powers, Copernicus; 2010, p. 24.

表1　　　　社会情绪指数题器

直接测量情绪的题目	社会整体的乐观程度、社会整体安全感、社会整体情绪
判断未来	政治形势、经济形势以及经济、外交、治安、就业、腐败、政治改革、贫富差距、房价、污染、医改、食品安全等问题
比较过去	经济状况

第三个问题涉及五级量表。社会情绪是一个波动的连续体。情绪会有波动，即当情绪为正或负时，在强度上也会有所差别。有研究者曾经将情绪/信心的不同程度进行了区分，他将其区分为：确定不确定性（self-assured uncertainty）、不确定（uncertain）、自在（at ease）、自信（confident）、确定的确定性（self-assured certainty）。① 在这个情绪连续带上，个体对确定感是能明确的和对不确定感也是明确的，因此有所谓的“确定的不确定”和“确定不确定性”。就本研究的量表而言，这些情绪波动和程度各异也构成了五级量表的理论基础。指数调查各测题均采用五级量表，量表中每题的测量为：非常好（VG）、比较好（G）、一般（N）、比较差（B）和非常差（VB）。依据前文讨论的“社会情绪是一个具有不同确定程度的连续体”，各测题分值的计算方式是：$Xi = 2.0 \times VG\% + 0.5 \times G\% - 0.5 \times B\% - 2.0 \times VB\%$。

接下来，论文讨论指数测题合成以及相应的数据分析。统计所用的数据来自中国社会科学院中国舆情调查实验室执行的第二期舆情数据以及第三期舆情数据。

① Peter Atwater, Moods and Markets: A New Way to Invest in Good Times and in Bad, Minyanville Media, 2012, p. 20.

三 数据结果展示

首先，我们使用克伦巴赫 alpha 系数来测量情绪的测题是否具有内部一致性。Alpha 信度系数法用来考虑量表的内在信度——项目之间是否具有较高的内在一致性。19 个测题的内在一致性信度系数是 alpha = 0. 8418，研究设计的量表具有相对比较高的稳定性和一致性。

根据上文所述的各测题分值，我们对测题分值进行了合成。我们使用的指数计算公式是：$SMI = (\sum_{i=1}^{19}\chi_i)/19$（最高值 200，最低值 -200，中间值 0）。0 是中间值，表示处于乐观悲观之间。-200 和 200 表示“确定乐观”或者“确定不乐观”。若指数 = -50，表示没有信心但不是那么确定，若指数 =50，则表示有信心但不是那么确定。基于第二次舆情调查采集数据，指数是：$SMI = (\sum_{i=1}^{19}\chi_i)/19 = 51.56\%$

根据舆情中心执行的第三期数据，我们计算出来的 SMI 指数是 50. 13%。我们把这两期数据结果并置一起，如表 2。从数据结果来看，指数似乎有所下滑，下滑了 1. 4%，而从分项来看，比较明显的差异是在 B4（“根据目前的情势判断，您认为您及家人的经济状况在未来一年里会”）。就 X_ B4 而言，第三期数据相比较第二期而言有所下降，下降幅度是 14. 11%，而 X_ C3_2 [“对于未来一年中国的形势走向，您的感觉如何?”（横向单选）（经济形势）] 则是上升的，上升幅度是 12. 72%。从数据解读的角度而言，有升有降平均后的升高下降与各指标均升高均降低的升高下降的情况显然不同。

表2　　　　第二期和第三期数据结果

第二期		第三期	
变量	两端值权重为2（百分比%）	变量	两端值权重为2（百分比%）
X_ B3	37. 32	X_ B3	30. 72
X_ B4	44. 05	X_ B4	29. 94
X_ B5_2	52. 53	X_ B5_2	45. 06
X_ B6	65. 43	X_ B6	51. 66
X_ B7	62. 12	X_ B7	55. 09
X_ B8	52. 82	X_ B8	44. 95
X_ C3_1	46. 32	X_ C3_1	46. 94
X_ C3_2	42. 22	X_ C3_2	54. 94
X_ C4_1	60. 40	X_ C4_1	58. 69
X_ C4_2	58. 65	X_ C4_2	61. 34
X_ C4_3	62. 48	X_ C4_3	67. 47
X_ C4_4	50. 32	X_ C4_4	52. 09
X_ C4_5	71. 12	X_ C4_5	73. 94
X_ C4_6	56. 32	X_ C4_6	59. 98
X_ C4_7	35. 17	X_ C4_7	34. 33
X_ C4_8	27. 30	X_ C4_8	28. 44
X_ C4_9	50. 57	X_ C4_9	54. 64
X_ C4_10	52. 93	X_ C4_10	53. 11
X_ C4_11	51. 67	X_ C4_11	49. 14
SMI	51. 56	SMI	50. 13

四　可以进一步工作的空间

我们将社会情绪界定为国民对未来的信念，即社会情绪指数测量的是国民在这个国家长久向上发展的信心。我们构建并且基于中国社会科学院中国舆情调查实验室执行的数据测算了社会情绪指数，以观察国民的生活信心及其发展变化。这是对当下国民社会情绪进行观察的初步探索，在已有的工作基础上，我们提出若干可以进一步开展的工作。

首先，我们可以计算个体社会情绪得分值并且基于个体社会情绪得分值进行群体分析。我们可以计算每个个体的社会情绪得分值，并且运用聚类分析的方法对各个群体进行聚类。在这个部分，我们的目标不在于观察不同年龄、收入、地区、性别等群体在社会情绪得分上的表现，而是对不同个体的社会情绪得分进行分组，来观察不同情绪得分情况的个体具有哪些人口学上的特征。

事实上，基于第二期数据，我们尝试计算个体情绪得分。首先，我们对受访者做出的选择重新赋值（分别赋予 8/4/0/－4/－8），然后进行个体情绪得分计算。我们将得到的分数结果与其个体特征数据（性别 f1、年龄 f2_1、学历 f3、婚姻 f4、职业 f5、收入 f6）进行回归，结果如表 3 所示，并且可以得到以下初步观察结果：

1. 个体情绪得分与性别有关，男性显著高于女性，高出 0.19。

2. 从年龄的角度而言，个体情绪得分与年龄的关系是：18—25 岁年龄组得分最高，31—35 岁年龄组得分最低，其次是 36—45 岁得分较低，结果显著。

3. 从学历角度而言，从总体上来看，学历越高得分越低。分类而言，初中学历得分最高，大学专科得分最低。

4. 从婚姻状况而言，未婚得分最低，分居群体得分最高，“已婚”群体分数较高。

5. 从职业的角度而言，无业、失业群体得分最低，其次是“农林渔业者”，而“专职主妇”得分最高，其次是“退休”，再次是“自营业（个体户、私营业主）”。

6. 从收入而言，总体上，收入越高信心越足，显著性很高。

表3　个体社会情绪得分与人口特征

VARIABLES			
2. f1	-0.194** (0.0776)	4. f4	1.024* (0.559)
2. f2_1	-0.491** (0.210)	5. f4	0.205 (0.459)
3. f2_1	-1.017*** (0.222)	2. f5	-0.000313 (0.164)
4. f2_1	-0.931*** (0.225)	3. f5	-0.341 (0.831)
5. f2_1	-0.965*** (0.230)	4. f5	-0.0510 (0.177)
6. f2_1	-0.763*** (0.243)	5. f5	-0.134 (0.145)
7. f2_1	-0.670*** (0.255)	6. f5	-0.391* (0.213)
8. f2_1	-0.781*** (0.260)	7. f5	0.0568 (0.157)
9. f2_1	-0.823*** (0.270)	8. f5	0.0494 (0.149)
10. f2_1	-0.472* (0.283)	9. f5	-0.477** (0.208)
2. f3	0.156 (0.109)	10. f5	0.0378 (0.358)
3. f3	-0.543*** (0.204)	11. f5	0.467 (0.417)
4. f3	-0.851*** (0.201)	12. f5	-0.699* (0.416)
5. f3	-0.494*** (0.187)	13. f5	0.223 (0.167)
6. f3	-0.574** (0.289)	14. f5	-0.426 (0.355)

续表

VARIABLES			
2. f4	1.048*** (0.185)	f6	0.139*** (0.0373)
3. f4	1.626*** (0.560)	Constant	2.637*** (0.248)
Observations	2469		
R-squared	0.079		
Standard errors in parentheses			

说明：*** $p<0.01$，** $p<0.05$，* $p<0.1$。

其次，我们想要讨论的是社会情绪指数的信度与效度问题。正如，Merkle, M. D. , Langer, E. G. 和 Sussman, D. 曾经从方法层面评价了美国三种最著名的消费者信心指数调查，即密歇根大学、世界大型企业研究会（简称“世企研”）和金钱杂志与 ABC 广播公司（ABC News/Money Magazine）分别设计实施的消费者信心指数调查，这三位研究者用 1985 年 12 月至 2002 年 12 月共 17 年的数据，考察了三个指数随时间变化的相互一致性，作为信度的指标。他们的研究发现，三者间的内部一致性和相关程度非常高①，我们也可以选择与社会情绪指数相关的指数来衡量指数的质量。从效度的角度而言，则可以比较信心指数与其他指标之间的关系，来判断信心指数的预测价值。从逻辑上来说，当社会情绪上升时，企业、金融机构、个人、政治机构都有相应的表现。这些表现包括：并购、雇佣、海外市场扩张、创新科技使用、股

① Merkle, M. D. , Langer, E. G. &Sussman, D. , Consumer Confidence: Measurement and Meaning, A version of this article was presented at the annual conference of the American Association for Public Opinion Research, Nashville, Tennessee, May 15 - 18, 2003.

票和房产持有等。我们可以将情绪指数数据与过去的相关指数进行比较，也可以将当期的指数与未来的相关指数进行比较，来看指数预测效度，我们可以利用的数据包括消费支出、市场利率、GDP 增速、犯罪率、移民倾向等。

第三个可以讨论的问题是，如何利用大数据观察社会情绪（信心）。随着越来越多的用户数据通过网络得以积累，大数据对于社会治理的作用越来越彰显，比如就新加坡的“风险评估和全景扫描”（RAHS）项目而言，涂子沛认为这个项目不仅将大数据用于情报和反恐，还用于构建和谐社会，比如房屋管理局用它来了解人们对于住房体系的批评和期待，人口部门通过它掌握大众的生育态度变化，旅游部门用它来预测各地游客数量的周期，食品部门通过它决策是否应该减少对进口食品的依赖等。[①] 同样，大数据可以应用于社会情绪（社会信心）研究。当然，用大数据研究社会整体情绪比较困难，应由问卷调查完成。可利用大数据确定几个领域和主题重点深入研究。PEW 以及与其合作的大数据研究机构 CH（Crimson Hexagon）进行过有关民意方面的研究，针对的是有限对象和有限主题。

当然，就大数据而言，如何与线下数据进行配合也是一个需要进一步讨论的问题。关于问卷调查和大数据如何结合有几个方向。一是问卷调查和大数据可以相互补充和比较。以 2013 年 5 月发布的一项研究《Twitter 关于事件的反映往往与整体民意相异》（*Twitter Reaction to Events Often at Odds with Overall Public Opinion*）为

① 涂子沛：《大数据》，广西师范大学出版社 2015 年版，第 ix 页。

例[①]，该研究针对几个主题——奥巴马连任、奥巴马政府的某些政策、共和党竞选人，对比了 twitter 和对公众的问卷调查结果。二是可以利用问卷对大数据结果做深入分析。

① Twitter Reaction to Events Often at Odds with Overall Public Opinion, By Amy Mitchell and Paul Hitlin, March 4, 2013, quoted from: http: //www. pewresearch. org/2013/03/04/twitter-reaction-to-events-often-at-odds-with-overall-public-opinion/.

2017年网民社会心态调查报告

王俊秀　赵桑榆*

互联网在我国已经发展了20余年，越来越成为每个人日常生活的组成部分。根据CNNIC中国互联网发展状况统计报告，截至2017年6月，我国网民规模达到7.51亿，手机网民规模达到7.24亿①。电脑、手机网络成为人们获取信息、参与社会事务、表达社会情绪和态度的主要媒介。网络场域不单是汇集民意、反映民生的重要渠道，也是民意集散地和放大器，更重要的是还可以成为舒缓社会情绪的减压阀（何凌南等，2016）。网络作为一个虚拟的空间，具有缺场、匿名、超时空等特点，人们更愿意在虚拟社区中表达自己内心的看法。在网络中，人们更便捷地参与社会互动，同时，网络也是广大网民宣泄社会情绪的最主要途径。目前，我国社会经历着巨大的变化，经济、社会结构都在发生变化，各种社会矛盾以各种形态展现出来，通过网民对热点事件的讨论、网民态度看法的反

* 王俊秀，中国社会科学院社会学研究所研究员；赵桑榆，中国社会科学院—上海市人民政府上海研究院硕士研究生。

① 中国互联网络信息中心（CNNIC）：《第40次中国互联网络状况统计报告》，2017年7月，第1页。

馈可以了解到舆情的状况和网民的社会心态，进而对舆情的预警和引导、政策的制定、社会建设和社会治理都具有重要参考价值。

社会心态的研究，即是致力于研究转型过程中的个体、群体、社会不同层面和层面间的心理特征、情绪状态、价值观念、行为方式及其变化，其目的是要研究社会的理性化过程，社会共识的达成，社会核心价值观念的形成，致力于推动社会思考、社会进步和社会发展（王俊秀，2014）。近年来出现了许多关于社会心态的调查和测量，本研究的网民社会心态是依据中国社会科学院社会心理学研究中心的社会心态指标体系和测量工具来进行的，在这个指标体系中包含了社会认知、社会情绪、社会价值观、社会需求和社会行为倾向五个维度，以及一些重要指标，包括幸福感、安全感、生活压力感、社会支持感、社会信任、国家认同、社会情绪等指标（王俊秀，2016）。本研究对网民社会心态的分析使用的指标包括幸福感、经济预期、经济获得感、社会压力感、社会情绪、社会信任等。本次调查样本覆盖了我国 20 个城市，包括北上广深四个特大城市、九个省会城市（广州除外）、七个中等城市。

一 社会事件关注

网民对于社会事件和时事的关注直接反映其心态，本次调查将网民对社会事件的关注分为参与讨论、关注和未关注三个层次。调查问卷是近期发生的国际国内重大事件、一般时事新闻等，这些社会事件包括（如图 1）：A1 为法国大选，A2 为一带一路北京峰会，A3 为雄安新区成立，A4 为国产大飞机试飞成功，A5 为柯洁 ALPHA GO 人机大战，A6 为比特币勒索病毒，A7 为蓝鲸游戏传入中国，A8 为众多微信公众号被关停，A9 为韩国暂停萨德部署，A10

为洛阳王城公园广场舞事件，A11 为刘国梁调任风波，A12 为中国接受难民谣言，A13 为朝鲜试射弹道导弹，A14 为杭州保姆纵火案，A15 为香港特首选举，A16 为党的十九大即将召开，A17 为中印边界对峙，A18 为建军 90 周年阅兵。图 1 为关注各社会事件的人数占调查总人数的比例，关注者的计算是所有调查对象中选择了对事件讨论和关注的人数之和。结果显示，网民最关注的国家大事，排在关注度最前面的五个社会事件分别是建军 90 周年阅兵、中印边界对峙、一带一路北京峰会、党的十九大即将召开和韩国暂停萨德部署。除了这些关系到国家繁荣与发展的重大事件，国产大飞机试飞成功、朝鲜试射弹道导弹等大的社会事件也广受关注。关注度较低的事件包括洛阳王城公园广场舞事件、蓝鲸游戏传入中国和中国接受难民谣言等。

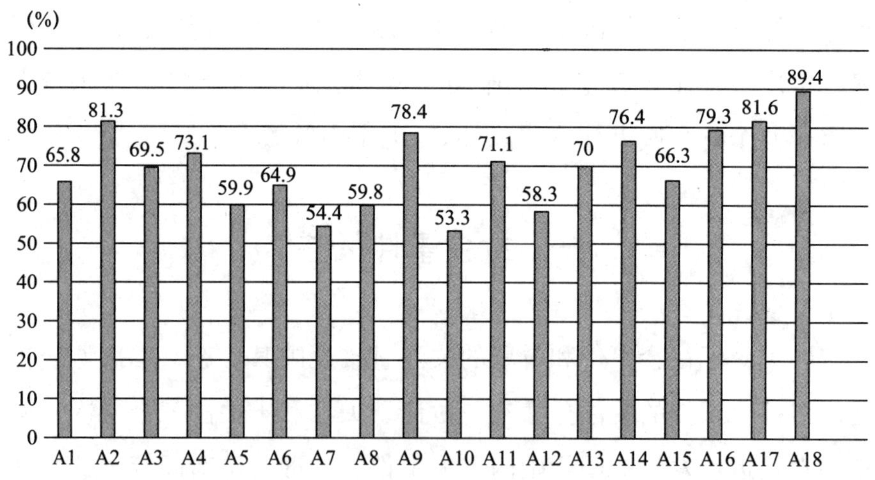

图1 社会事件关注率

二 社会问题关注

对与民生相关的社会问题的关注程度也是社会心态的重要内容，本次调查考察了以下一些社会问题，包括以下一些问题（如图2）：B1 为空气污染问题，B2 为水污染问题，B3 为食品安全问题，B4 为腐败问题，B5 为户籍改革问题，B6 为医疗问题，B7 为高房价问题，B8 为政治改革问题，B9 为就业问题，B10 为计划生育政策问题，B11 为教育改革问题，B12 为收入分配不公问题，B13 为政府诚信与社会诚信问题，B14 为物价问题，B15 为养老问题。

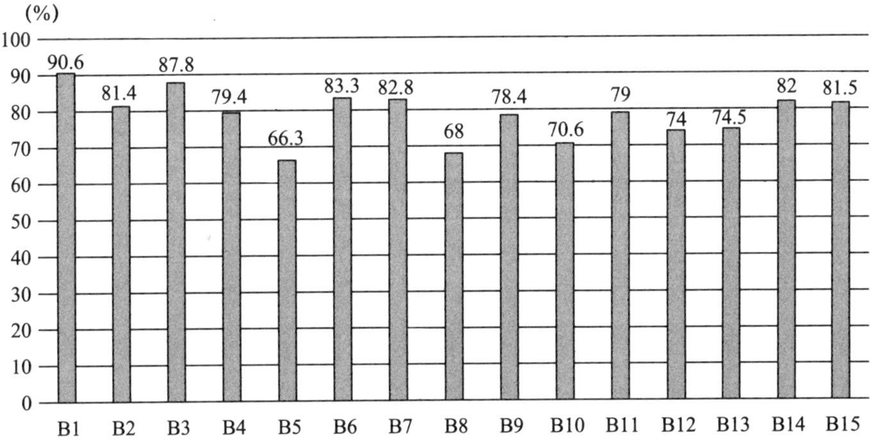

图2 社会问题关注率

如图2 所示，网民对社会问题普遍关注度比较高，即使最低的关注率也近七成，其中，网民最关注的一些社会问题包括：空气污染问题、食品安全问题、医疗问题、高房价问题、物价问题、养老问题和水污染问题等；网民相对关注率不高的是户籍改革问题、政治改革问题和计划生育政策问题。由此可见，空气污染、食品安全、水污染等新的民生问题和医疗、住房、物价、养老这些基本民生需求都成为网民最关切的问题，而全国许多地区已经进行了户籍制度的改革，随着全面二胎的放开，计划生育问题也不再那么受关注。

三 生活状况评价

图3为网民对其总体生活水平的主观评价，评价采用里克特5点量表计分，从1—5分别代表低、比较低、一般、比较高和高。调查结果显示，网民在总体生活水平的评价上基本上呈正态分布，处于中等略高水平。

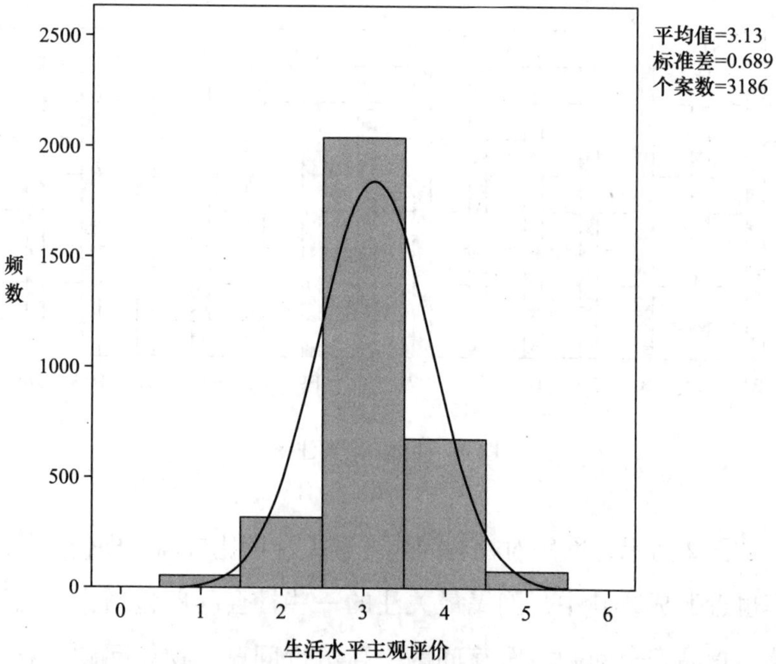

图3 生活水平的主观评价

比较不同城市网民总体生活水平评价得分的差异发现，就总体生活水平主观评价的平均数看，特大城市网民的得分最高，为 3.20；大城市网民的得分居中，为 3.11；中小城市网民的得分最低，为 3.10。对三类城市网民生活水平主观评价的得分进行差异检验，发现存在统计上的显著差异，见表 1 和表 2。

表 1　不同城市网民生活水平主观评价的平均数

	个案数	平均值	标准差	最小值	最大值
特大城市	640	3.20	0.639	1	5
大城市	1435	3.11	0.703	1	5
中小城市	1111	3.10	0.696	1	5
总计	3186	3.13	0.689	1	5

表 2　不同城市网民生活水平主观评价的 ANOVA 分析

	平方和	自由度	均方	F	显著性
组间	4.644	2	2.322	4.904	0.007
组内	1507.136	3183	0.473		
总计	1511.780	3185			

从表 3 不同类型城市网民主观根据交叉表（表 3）的数据可以看出，特大城市中，网民主观生活水平评价不同等级的比例也可以看出特大城市的网民生活水平的主观评价在三类城市中最高，例如网民在一般及以上的比例为 91.4%，而大城市为 87.2%，中小城市为 87.0%。

表3 不同城市类型生活水平主观评价的频数（N=3186）

	特大城市	大城市	中小城市	总计	
低	频数	6	29	24	59
	百分比（%）	0.2	0.9	0.8	1.9
比较低	频数	49	155	120	324
	百分比（%）	1.5	4.9	3.8	10.2
一般	频数	407	925	709	2041
	百分比（%）	12.8	29.0	22.3	64.1
比较高	频数	166	283	233	682
	百分比（%）	5.2	8.9	7.3	21.4
高	频数	12	43	25	80
	百分比（%）	0.4	1.3	0.8	2.5
总计	频数	640	1435	1111	3186
	百分比（%）	20.1	45.0	34.9	100.0

根据本次调查居民生活满意度平均数由高到低排序（见表4）可以看出，网民对于家庭生活满意度最高，恋爱婚姻、健康也较高；其次是人际关系，包括邻里关系和社交；再次是休闲生活、社会安全等。网民对于环境状况的满意度最低，其次是社会福利制度、住房、家庭收入等。整体上看，网民各项生活满意度的得分都属中等水平，介于5点量表的3—4之间。

表4 生活满意度平均数排序

	个案数	平均值	标准差
家庭生活	3171	3.99	0.943
恋爱婚姻	3136	3.88	1.032
健康	3162	3.81	1.037
邻里关系	3148	3.79	0.950
社交	3156	3.76	0.984
休闲	3161	3.71	0.994

续表

	个案数	平均值	标准差
社会安全状况	3146	3.70	1.120
生活水平	3170	3.54	1.083
工作	3146	3.51	1.088
民主制度	3015	3.45	1.082
教育	3146	3.40	1.152
家庭收入	3170	3.30	1.186
住房	3177	3.21	1.190
社会福利制度	3117	3.18	1.192
环境状况	3159	3.07	1.235

将15个方面的生活满意度加总得到生活满意度总分，进一步考察生活满意度总分的分布，如图4所示。样本平均得分为53.52，

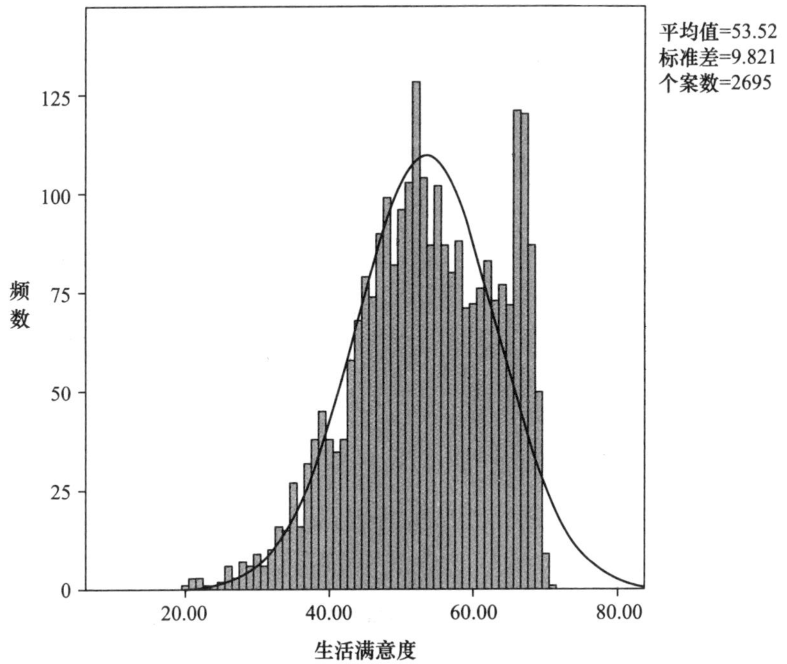

图4 生活满意度总分得分分布

单题平均得分约为3.57，处于中立和比较满意水平之间。

四　经济获得感

本次调查用家庭经济状况改善来衡量经济获得感，调查题目为“请问，您及家人的经济状况比一年前”，回答的选项分为5个，“好很多”“好一些”“差不多”“差一些”和“差很多”。如表5所示，认为今年的经济状况比去年好很多的比例为5.5%；认为今年经济状况比去年好一些的比例最高，将近一半；认为和去年差不多的比重占37.6%；认为今年比去年差一些的比例为6.1%；差很多的比例仅有0.9%。

表5　经济获得感

	频率	百分比（%）	有效百分比（%）	累计百分比（%）
差很多	30	0.9	0.9	0.9
差一些	195	6.1	6.1	7.1
差不多	1203	37.6	37.8	44.9
好一些	1577	49.3	49.6	94.5
好很多	176	5.5	5.5	100.0
合计	3181	99.4	100.0	
系统缺失	19	0.6		
总计	3200	100.0		

五　经济预期

经济预期是指人们根据自己的经验和现实状况对未来经济状况

的主观判断。本研究以调查中未来一年经济状况的主观判断来衡量，具体题目是，“根据目前的情势判断，您认为您及家人的经济状况在未来一年里会”，回答的选项包括：“比现在改善很多”“有所改善”“与现在差不多”“比现在差一些”“比现在差很多”。结果如表 6 所示，多数网民认为明年的家庭经济状况至少与今年持平甚至超过今年，选择“与现在差不多”的比例为 32.7%，选择“有所改善”的比例为 53.9%，选择“比现在改善很多”的比例为 6.5%，选择“比现在差一些”的比例是 4.0%，选择“比现在差很多”的比例为 0.9%。

表 6　　经济预期

	频率	百分比（%）	有效百分比（%）	累计百分比（%）
比现在差很多	30	0.9	1.0	1.0
比现在差一些	128	4.0	4.1	5.0
与现在差不多	1045	32.7	33.3	38.4
有所改善	1724	53.9	55.0	93.4
比现在改善很多	208	6.5	6.6	100.0
合计	3135	98.0	100.0	
系统缺失	65	2.0		
总计	3200	100.0		

对经济获得感和经济预期进行相关分析发现二者存在中等程度相关，相关系数为 0.577，如表 7 所示，二者相关极其显著。也就是说认为未来的经济预期与当下的经济获得感显著相关。

表 7　　经济获得感与经济预期斯皮尔曼相关分析

			经济获得感	经济预期
斯皮尔曼 Rho	经济获得感	相关系数	1.000	0.577**
		显著性（双尾）	—	0.000
		个案数	3181	3120
	经济预期	相关系数	0.577**	1.000
		显著性（双尾）	0.000	—
		个案数	3120	3135

注：**代表 $p<0.01$，表示在 0.01 水平上显著。

获得感和经济预期都是一种主观判断，不一定与经济的收入直接对应，为了考察经济收入与当下经济获得感的关系，表 8 对经济收入与经济获得感进行了交叉分析。数据显示高收入人群的经济获得感比中低收入人群更高。

表 8　　不同收入者的经济获得感

		经济获得感					总计
		差很多	差一些	差不多	好一些	好很多	
低收入	计数	11	41	156	137	11	356
	占收入的百分比（%）	3.1	11.5	43.8	38.5	3.1	100.0
中等收入	计数	17	142	943	1210	111	2423
	占收入的百分比（%）	0.7	5.9	38.9	49.9	4.6	100.0
高收入	计数	2	12	104	230	54	402
	占收入的百分比（%）	0.5	3.0	25.9	57.2	13.4	100.0
总计	计数	30	195	1203	1577	176	3181
	占收入的百分比（%）	0.9	6.1	37.8	49.6	5.5	100.0

六　生活压力感

生活压力感测量的是人们日常生活中感受到的压力大小，本次调查采用的题目是“我经常感到生活负担很重，压力很大”，采用5点量表记分，从低到高分别表示“非常不同意”“不太同意”“一般”“比较同意”和“非常同意”。由表9可以看到，6.3%的人表示“非常同意”，29.1%的人表示“比较同意”，30.5%的人回答“一般”，“不太同意”和“非常不同意”的比例分别是25.5%和8.5%。

表9　生活压力感

	频率	百分比（%）	有效百分比（%）	累计百分比（%）
非常不同意	273	8.5	8.5	8.5
不太同意	817	25.5	25.5	34.1
一般	976	30.5	30.5	64.6
比较同意	931	29.1	29.1	93.7
非常同意	203	6.3	6.3	100.0
总计	3200	100.0	100.0	

七　社会情绪

社会情绪既是社会心态最外在的一种表现，也是幸福感的一种衡量（王俊秀，2016）。本次调查了解了整体社会情绪和网民个人情绪评价，网民对于社会情绪的评价题目是“根据您的个人感受，请您给最近三个月的社会整体的乐观程度打分”，采用5点量表，数字越小表示社会情绪越悲观，数字越大表示社会情绪越乐观。统计结果显示，社会情绪的总平均分为3.7，略倾向于乐观。

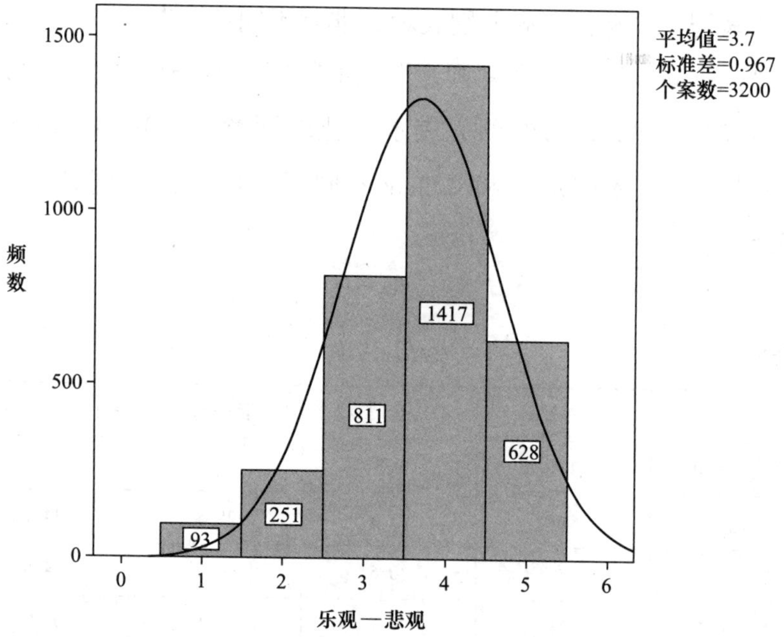

图5　社会情绪的乐观程度

社会情绪的另一个题目是“根据您的个人感受，请您给最近三个月的社会整体情绪打分”，5点量表数字小的一端表示负向情绪，数字大的一端表示正向情绪。统计结果显示，社会情绪的总平均分为3.7，略倾向于正向情绪。

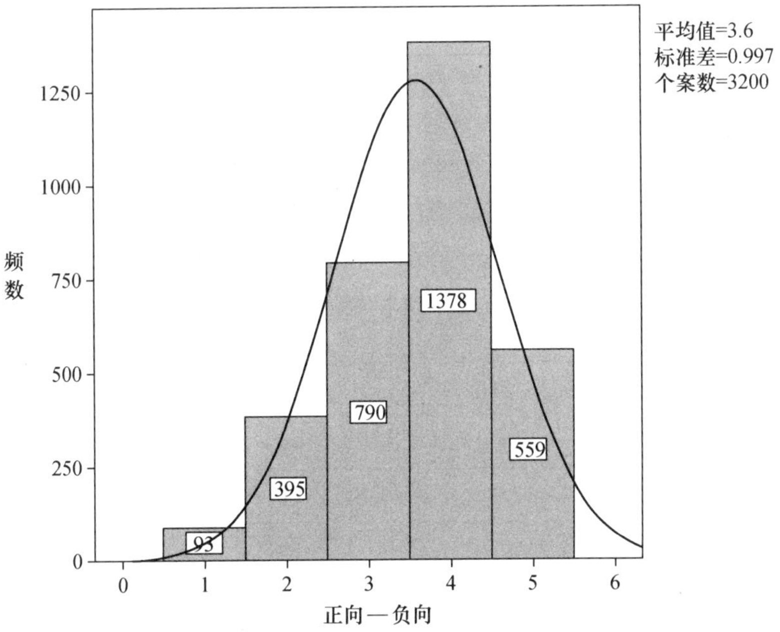

图 6　社会情绪的正向

网民三个月内整体情绪社，包括正向情绪快乐，负向情绪恐惧、焦虑、冷漠、愤怒、悲观、怨恨，让被调查者选取最能反映的三个关键词。由表 10 和图 7 可见，快乐情绪是被调查者出现频率最高的情绪，选择比例为 51. 8%；其次是焦虑情绪，选择比例为 44. 6%；出现最少的情绪是恐惧和怨恨，选择的比例分别为 12. 2% 和 15. 1%。

表 10　　不同情绪出现频率

		频率	百分比（%）
怨恨	否	2716	84. 9
	是	484	15. 1
悲观	否	2474	77. 3
	是	726	22. 7

续表

		频率	百分比（%）
愤怒	否	2308	72.1
	是	892	27.9
冷漠	否	2181	68.2
	是	1019	31.8
焦虑	否	1773	55.4
	是	1427	44.6
恐惧	否	2811	87.8
	是	389	12.2
快乐	否	1543	48.2
	是	1657	51.8

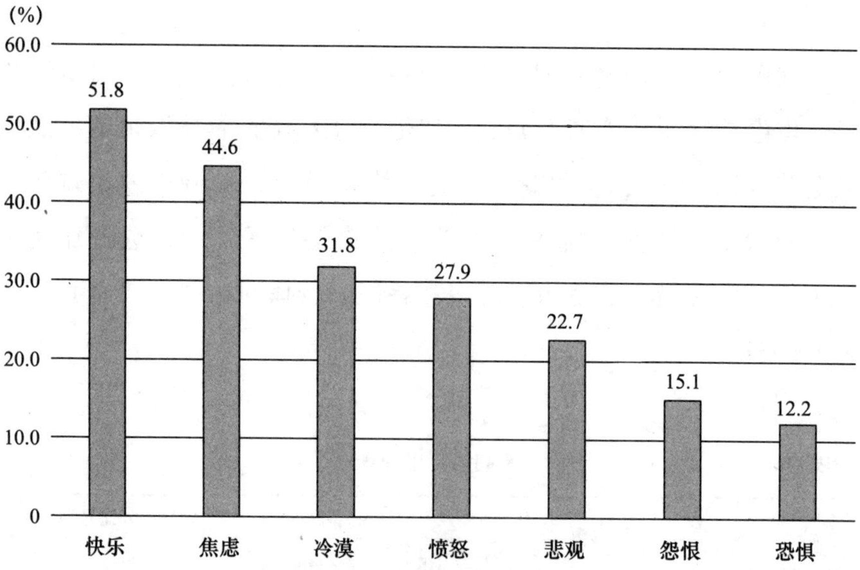

图7　不同情绪出现频率排序

八 社会信任

本次调查了解了网民的机构信任，题目是“您对以下团体或部门的信任程度怎样”，要求网民评价机构包括中央政府、地方政府、警察、法院、教育部门、医疗部门、新闻媒体、国企、民营企业、跨国企业、国际组织和慈善组织。结果如图 8 所示，社会信任程度由高到低分别是中央政府、法院、警察、教育部门、国际组织、国企、新闻媒体、医疗部门、地方政府、跨国企业、慈善组织和民营企业。整体上网民对各种机构的信任处于中等偏上水平，而对中央政府的信任度处于较高水平。

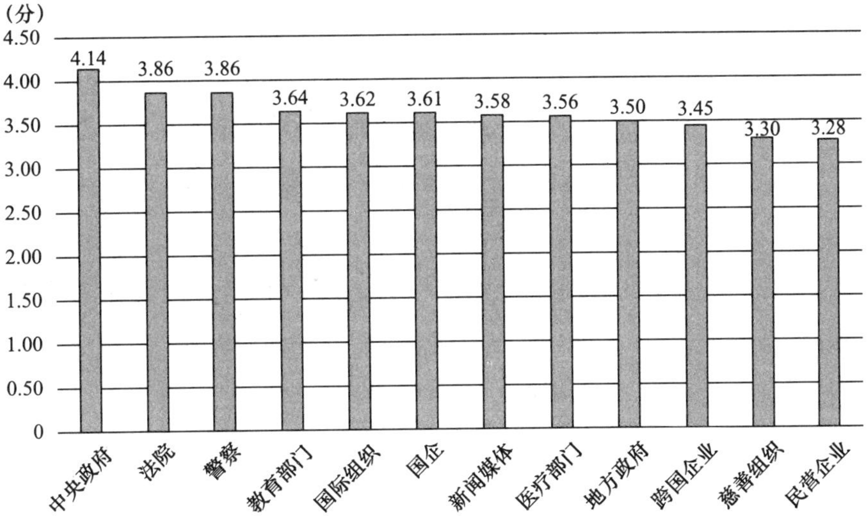

图 8 网民对不同机构的信任程度排序

九 结语与讨论

调查结果显示，网民最关注的社会事件类型是国家大事，建军90周年阅兵、中印边界对峙、一带一路北京峰会、党的十九大即将召开等关系到国家繁荣与发展的重大事件。

空气污染、食品安全、水污染等新的民生问题和医疗、住房、物价、养老这些基本民生需求都成为网民最关注的问题，而全国许多地区已经进行了户籍制度的改革，随着全面二胎的放开，计划生育政策问题也不再那么受关注。

网民在总体生活水平的评价上基本上呈正态分布，处于中等略高水平。特大城市网民生活水平评价最高。

本次调查网民生活满意度评价中对于家庭生活满意度最高，也包括恋爱婚姻、健康等，其次是人际关系，包括邻里关系和社交，再次是休闲生活、社会安全等；网民对于环境状况的满意度最低，其次是社会福利制度、住房、家庭收入等。整体上看，网民各项生活满意度属中等偏上水平。

本次调查中网民经济获得水平中等，一半以上的网民有获得感。七成左右网民预期未来经济的改善。研究还发现经济收入影响获得感评价，经济获得感和经济预期存在中等程度相关。

感到生活有压力、没有压力和居中的网民比例差不多各占1/3。

网民对社会情绪的乐观程度、正负向评价处于中等略高水平。网民日常情绪出现频率最高的是快乐，但焦虑感偏高。

网民对中央政府、法院、警察、教育部门等公共机构的信任度最高，且整体上各种机构的信任处于中等偏上水平，而对中央政府的信任度处于较高水平。

参考文献

何凌南等：《广东省城市网民社会心态报告》，《中国社会心态研究报告（2016）》，社会科学文献出版社 2016 年版。

王俊秀：《满足合理社会流动预期，促进社会持续发展》，《中国社会心态研究报告（2016）》，社会科学文献出版社 2016 年版。

王俊秀：《社会心态：转型社会的社会心理研究》，《社会学研究》2014 年第 1 期。

熊希灵、李莉、周智盈、张志安、何凌南：《2015—2016 年微博热点事件网民心态分析》，《中国社会心态研究报告（2016）》，社会科学文献出版社 2016 年版。

变与不变：2017年中国城市居民媒介使用报告

殷　乐　高慧敏*

随着互联网时代的到来，新媒体迅速融入城市居民的日常生活，传统媒体的生存发展岌岌可危，迫切面临转型来突破困局，媒体融合成为新旧媒体关系发展的趋势。本报告试图通过2017年数据调查及与部分2013年数据的比较来重点分析中国城市居民媒介接触和使用行为及社会态度、情绪所呈现的变化与趋势。数据来源于中国舆情实验室自2013年以来进行的舆情指数调查①。

2017年的调查发现：

民众对新媒体的接触度高于传统媒体；APP应用程序（手机等移动终端）、电视是民众最经常使用的媒介。

新闻APP成为获取新闻资讯的主要途径之一，而微信朋友圈是表达个人信息和观点的最主要渠道。

---

* 殷乐，中国社会科学院新闻与传播研究所研究员，媒介室主任，博士生导师；高慧敏，中国社会科学院研究生院博士研究生。

① 调查抽样区域设定为大型城市、中型城市和小型城市，于第二季度和第三季度在20个城市进行调查，总体样本规模为3000个样本。

政府网站和传统媒体作为信息源的可信度居于前列，互联网公司对公共事件的态度影响力较大。

手机已经成为受访者获取新闻的常用终端，微信取代通话成为手机最常用的功能。

媒介接触、信息获取渠道对社会情绪、态度有不同程度和不同层面的影响。

一　六成民众每天接触 APP，电视仍在传统媒介接触中拔得头筹

随着网络的蓬勃发展，民众对新媒体的接触率整体明显高于传统媒体。APP 应用程序（手机等移动终端）、网站、电视、社交媒体同处媒体接触的第一梯队；五六成的受访者选择每天接触，第二梯队为户外媒体，为不到三成，发展良好；报纸、广播、杂志为第三梯队，均不到两成，面临迫切转型问题。首先，传统媒体的接触度基本稳定，电视、广播整体接触比例和四年前保持了大体相同的规模，电视在传统媒体中依然保持一枝独秀的格局，选择每天接触的受访者比例达近六成。在新媒体大潮中，虽然新媒体的出现导致电视受众分流现象严重，但电视的强势地位不会被彻底动摇，主要原因在于电视媒体凭借已有的强大资源优势，同时积极借鉴新媒体发展优势，如先进技术，在保持原有用户的基础上吸引新用户，挽回受众分流的局面。其次，报纸和杂志等纸媒的接触比例呈现下滑趋势，其中 2013 年报纸的接触比例仅次于电视，有近七成受访者每天或经常接触报纸，与之相比 2017 年到第二季度（见图 1）报纸下滑至 4.5%，但到第三季度（见图 2）整体有所回暖，为 16.7%；而杂志的接触比例则落至谷底。互联网时代的到来为传统

媒体敲响了警钟，纸媒命运堪忧，整个传播内容呈现视频化，纸媒作为终端而言逐渐没落，然而近年来“两微一端”的蓬勃发展为纸媒带来了生机，《人民日报》的华丽转身就是最好的例子，成为实施“中央厨房”战略的旗舰单位。最后，APP 应用程序媒介接触率为最高，主要得益于以手机、平板电脑等移动端的迅猛发展。

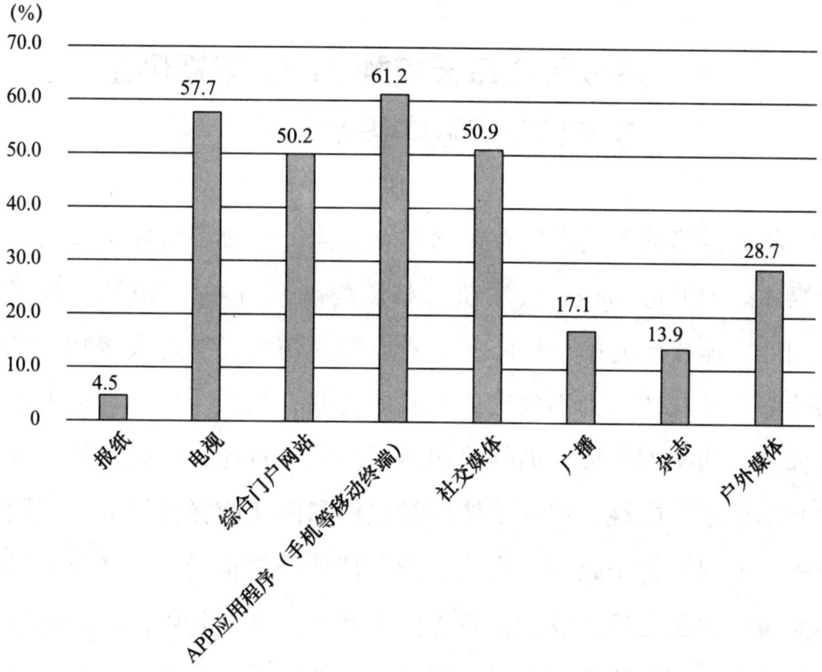

图 1　2017 年第二季度选择每天接触媒介的受访者比例

此外，调查结合年龄、受教育程度、收入、职业等四个要素进行分析显示：从年龄分布来看，接触新媒体的受访者年龄结构呈现年轻化，而接触电视、报纸、广播、杂志等传统媒体的受访者年龄结构呈现老龄化。随着年龄增长，每天接触报纸、广播、电视、杂志的受访者的比例呈波动上升趋势；与之相反，每天接触网络、

APP 应用程序（手机等移动终端）、社交媒体、户外媒体的受访者比例呈先升后降趋势，总体呈下降趋势。

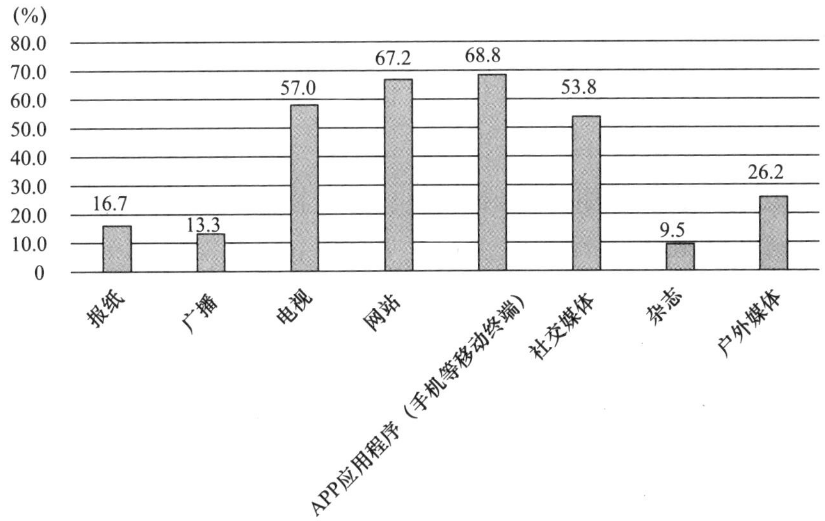

图 2　2017 年第三季度选择每天接触媒介的受访者比例

从受教育程度来看，高学历受众对新媒体的接触频率整体要高于低学历受众，高学历受众每天接触电视媒体的比例回升。随着教育程度提高，每天接触报纸、广播、杂志的受访者比例总体呈下降趋势；每天接触电视、门户网站、APP 应用程序、社交媒体、户外媒体的受访者比例呈上升波动上升趋势。其中 2017 年每天接触电视媒体受众的受教育程度由下降趋势变为上升趋势，其中高校（大学专科、本科、研究生及以上）学历的受访者每天接触电视的比例较高，均为六成左右。

从职业分布来看，退休人员每天接触传统媒体的比例最高，专业技术人员接触新媒体的频率高且范围广。退休人员每天接触报纸、电视、杂志的比例最高，八成退休人员每天接触电视。企业经营管理者、学生、专业技术人员对于网站、社交媒体、APP 应用程序每天接触比例居前。

从收入分布来看，随着收入水平提高，每天接触报纸、广播、电视的比例呈现整体下降趋势。每天接触网站、APP 应用程序、社交媒体、杂志的比例呈现整体上升趋势。

出现这些变化特征的主要原因在于，一方面，传统媒体接入的门槛较低、受众范围高、触达率高；与之相比，新媒体接入需要民众具备上网能力及使用新技术的能力等媒介素养，而大部分中老年人、低学历人群及低收入人群在接受新事物的能力和财力方面受限，因此在新媒体使用上掣肘。另一方面，新媒体的自主性、开放性及个性化等特点与新生代用户的特点不谋而合，因此成为新生代用户的新宠。

二　新闻 APP 和电视成为获取新闻资讯的最主要途径

移动端已经成为媒体融合时代的风口，新闻 APP 成为民众获取新闻资讯最主要的途径。本次调查结果显示，新闻 APP 在受访者获取新闻渠道的选择中占据主导地位，近五成受访者选择了新闻 APP。其次，电视在新媒体的冲击下地位有所松动，位居第二位，有四成多的受访者将电视作为其获取新闻的主要途径。再次为新闻网站，受访者选择比例为三成多。2017 年，受访者选取至少一种社交媒体作为获取新闻资讯的最主要途径的比例由四成左右降到两成左右，最后为门户网站、政务新媒体、报纸、政府网站、论坛贴吧、广播及境外网站，受访者选择它们作为新闻获取渠道的比例不超过 20%（见图 3）。由此可见，虽然新闻 APP 成为民众获取新闻资讯的最主要途径，然而包括社交媒体在内的新媒体却整体呈现下降趋势，电视依然是受访者值得信赖的信息获取途径，其地位不可被替代，原因在于：一方面，网络蓬勃发展的过程中也乱象丛生，对健康有序的传播环境带来负面效应。尤其体现在内容方面，由于传播者与受众之间的界限逐渐模糊，“把关人”机制缺失，网络虚假信息泛滥、信息低俗化且同质化现象严重，致使网络等新媒体公信力受到重创。而以电视为代表的传统媒体，多年来在内容制作和传播过程中凭借已有的品牌优势、人才优势、资源优势树立权威性，具有传媒公信力，为信息来源的可信度提供了坚实的基础。

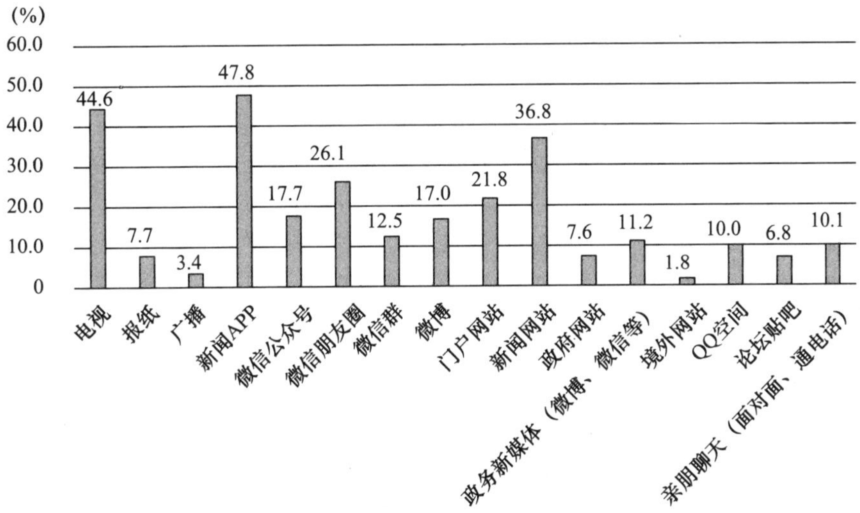

图 3　2017 年第三季度选择获取新闻资讯最主要途径

从新闻类别来看，国内时政新闻最受关注，对重大突发事件的关注度有所增长。受访者关注国内时政新闻和重大突发事件的报道最多，近六成的受访者经常收听（看）国内时政新闻，56% 的受访者经常收听（看）重大突发事件的报道。其次，三成左右受访者经常收听（看）的新闻为国际时政新闻、揭露腐败和反映社会问题的新闻、对时事的各种评论与看法、娱乐八卦、财经新闻、军事新闻。最后，两成多受访者经常收听（看）科技新闻、教育新闻、记述高尚人品和感人事迹的新闻。农村/农业新闻关注最少，仅有一成的受访者经常收听（看）（见图4）。国内时政新闻最受关注，对重大突发事件的关注度有所增长的主要原因在于，新媒体在国家政策宣传方面发挥重要作用，为国家和民众之间建立了良好的联系；新闻内容与民众的生活息息相关，因此国内时政新闻成为人们的关注热点。除此之外，网络信息呈病毒式传播，尤其是在社交媒体等新媒体上很容易就突发重大事件形成网络舆论，应及时疏导，以免形成舆论危机。

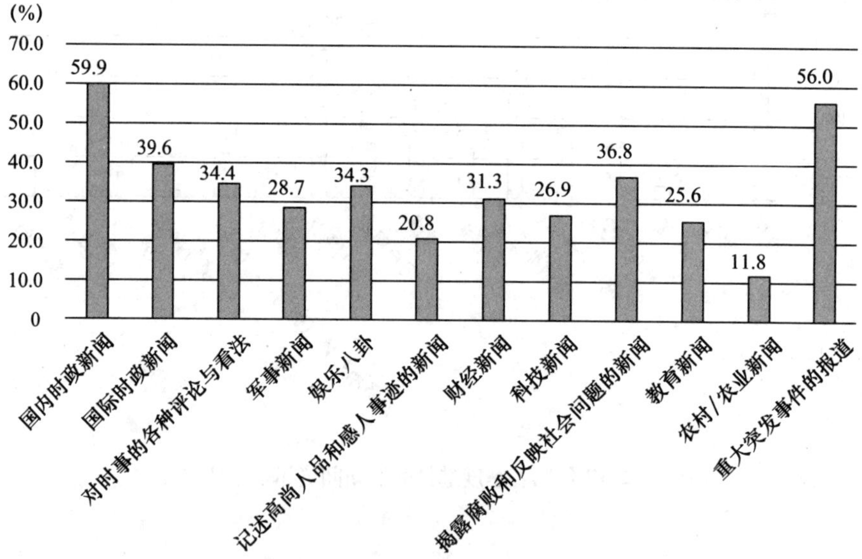

图4 2017年第三季度受访者选择经常浏览的新闻类型

从重大突发事件类新闻资讯的获取渠道来看，新闻APP仍然独占鳌头。新闻APP成为受访者的首选渠道，所占比例为超过20%。

其次为电视和新闻网站，受访者所占比例都为 16.8%。再次，选择门户网站、微博、微信朋友圈了解重大突发事件的受访者的比例为 5%—10%。最后为政务新媒体（微博、微信等）、微信公众号、政府网站、微信群、QQ 空间、论坛贴吧、亲朋聊天、报纸、广播及境外网站，选择这些渠道的受访者均不高于 5%（见图 5）。新闻 APP 已经成为人们获取新闻资讯的最主要渠道，其中一个重要因素在于新闻 APP 的传播方式符合互联网时代民众阅读方式“碎片化”及“移动化”的特征，突破了时间和空间的限制。

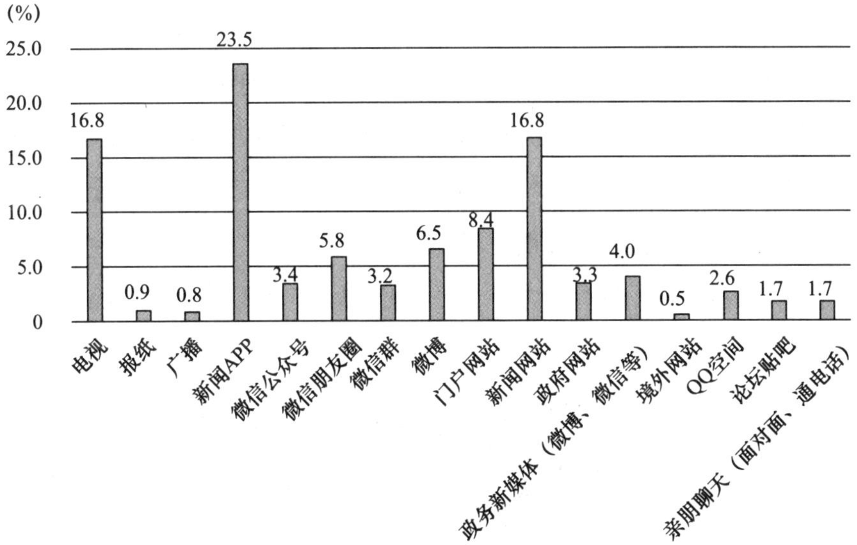

图 5　2017 年第三季度重大突发事件类新闻资讯获取渠道

三　超八成受访者获取新闻的常用终端为手机，微信已经成为手机最常用的功能

手机已经成为人们生活的必需品，尤其成为人们获取信息的最主要移动终端。本次调查结果显示，手机遥遥领先成为被调查者获

取新闻的最常用终端，有八成多的被调查者通过手机来获取新闻；其次为电脑和电视机，均为不到六成；再次为平板电脑和报纸，分别为23.4%和18.6%；选择收音机和杂志的被调查者比例最低，均不到一成。智能手机的使用已经是大势所趋，有97.1%的被调查者目前使用智能手机，而仅有2.5%的人选择了否。

从智能手机的常用功能来看，微信已经代替通话成为受访者手机使用的最常用功能。本次调查显示（见图6），常用智能手机使用微信的受访比例为近八成，常用手机通话的受访者比例为七成多；其次，六成多的受访者使用智能手机浏览新闻（文字、图片、视音频新闻等），智能手机成为获取新闻的主要终端之一。再次，五成左右的受访者会利用手机查看时间、使用QQ及使用搜索引擎查找信息；有三四成多受访者使用手机接收或发送短信，观看电影、电视剧，使用手机购物、听歌和音乐或有声读物，观看网络综艺节目以及使用微博、导航、缴费、运动等日常功能。最后，有两成左右受访者使用手机看电子书、访问论坛、贴吧、玩游戏、查看

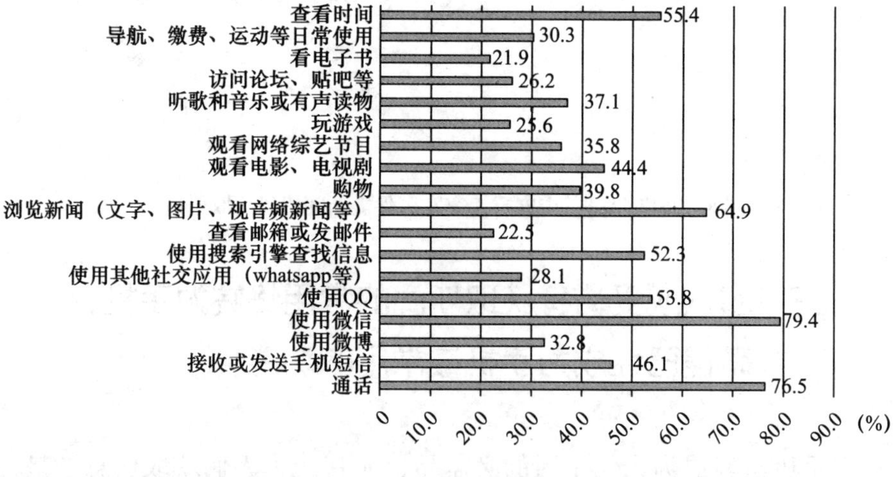

图6 2017年第三季度智能手机最常使用功能

邮箱或发邮件、使用其他社交应用（whatsapp 等）。由此可见，手机已经成为社交媒体的主要载体，微信已经成为手机的最主要功能，互联网的发展让手机的原始功能优势逐渐削减，娱乐功能是智能手机除信息功能之外的第二大功能。

四　超五成受访者以微信朋友圈作为发布信息和观点的主要渠道

在信息发布和意见表达方面，调查结果显示（见图 7），微信朋友圈是受访者表达个人信息和观点的最主要空间，有超过五成受访者选择了此项。其次为微信群、QQ 空间、亲朋聊天（面对面、通电话）、微博和新闻 APP，其中三成多受访者选择微信群作为自己发布个人信息和个人观点的最主要渠道，选择 QQ 空间、亲朋聊天（面对面、通电话）、微博和新闻 APP 的受访者为两成左右。再

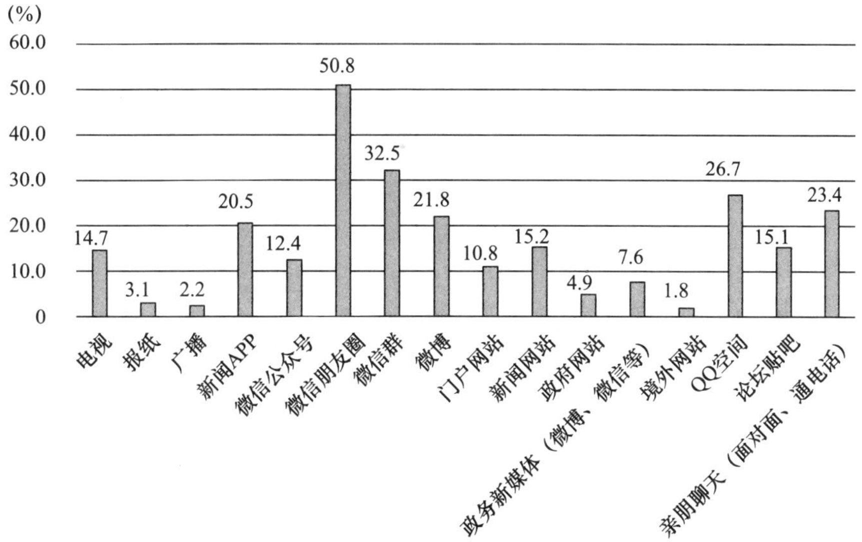

图 7　2017 年第三季度受众发布个人信息和个人观点最主要的渠道

次为新闻网站、论坛贴吧、电视、微信公众号及门户网站，选择它们的受访者比例在10%—20%。最后为政务新媒体（微博、微信等）、政府网站、报纸、广播和境外网站，认为它们是发布个人信息和观点的受访者比例均低于10%。微信朋友圈成为发布信息和观点的最主要渠道主要原因在于微信朋友圈是个网络熟人社会，具有强半熟社交和弱圈内社交的特点，满足了民众的人际交往需求，在朋友圈发布消息和发表评论可以加强熟人之间的互动，内容的发布与社交性呈现强相关。

这一发现也与2013年的调查形成了一个鲜明的对比，2013年的调查显示，在网站新闻后跟评论贴以及在微博上留言，是网上发言的主要形式。

五 政府网站及电视等传统媒体作为信息源的可信度评价居前列

对信息来源的信任度调查显示，目前我国城市居民在众多媒体中对政府网站、电视的信任度最高。近四成被调查者认为政府网站非常可信，九成认为电视非常或基本可信。

认为“非常可信”的受访者比例中（见图8），新闻网站和政府网站为第一梯队，受访者比例为超过三成。报纸、电视和门户网站为第二梯队，达两成。第三梯队为广播、手机APP、社交媒体和境外媒体，受访者比例不到三成。这一发现与近期政府网站加大公开信息力度，及时、准确发布本部门信息有一定相关性。

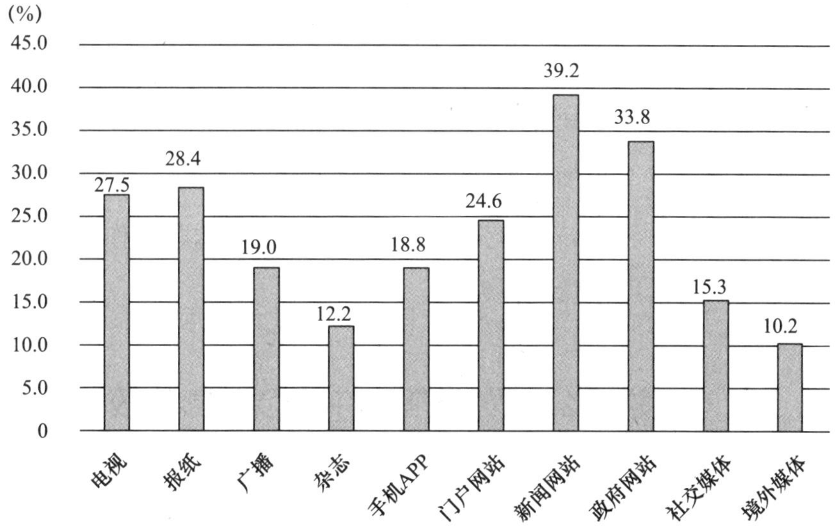

图 8 2017 年第三季度信息源可信度评价中选择“非常可信”的受访者比例

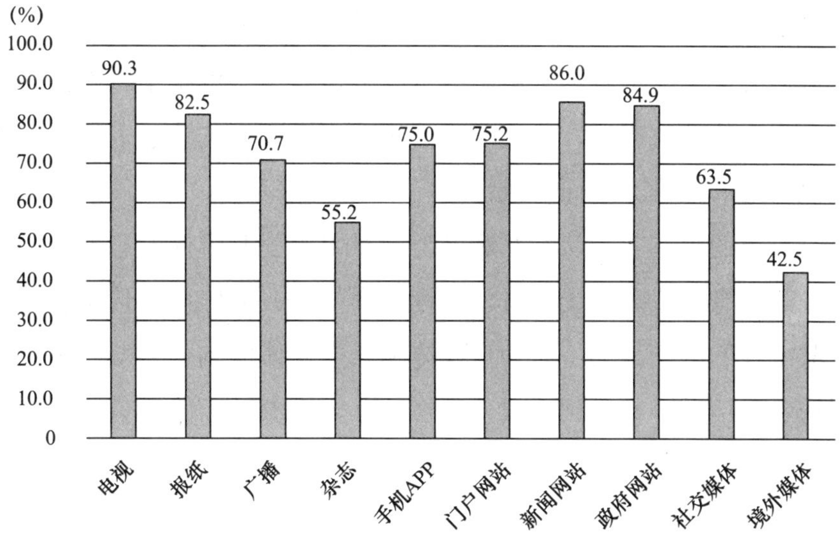

图 9 2017 年第三季度信息源可信度评价中选择“非常可信”和“基本可信”受访者比例

认为“非常可信”和“基本可信”的受访者比例中（见图9），电视比例最高，为九成；新闻网站、政府网站、报纸、门户网站、手机 APP、广播次之，为七八成；社交媒体和杂志为五六成；而认为境外媒体“非常可信”和“基本可信”的受访者有一定市场，但比例最低，为四成多。

总而言之，尽管新媒体强势发展，但传统媒体电视作为新闻类信息来源的可信度依然遥遥领先。

六 互联网公司对公共事件的态度影响较大

互联网已经逐渐融入人们的生活中，对人们的认知和意见产生巨大影响，网络社会和现实社会呈现交融趋势，网络情绪和态度得到广泛关注，同时也对人们的认知态度产生很大程度的影响。六成受访者认为互联网所表达的民意和意见有一定的代表性。另有调查项显示，六成受访者赞成或比较赞成会经常受网络空间社会思潮的影响，五成的受访者经常被网络空间的情绪和态度感染。网民在网络空间中的情感表达，绝大部分基于网络中他人的情感表达，促成网民情感的传染，进而形成情感同步效应。

三成的被调查者认为互联网公司对关于公共事件的态度影响最大，其次有两成多的受访者认为社交媒体、政务媒体和传统媒体对公共事件的影响最大。认为自媒体和企业媒体影响公共事件态度的受访者比例最小，不到一成（见图10）。技术对于传播效果的影响至关重要，互联网公司占有足够的技术资源，对民众公共事件的态度具有导向作用；此外，互联网公司生产的媒介产品具有广泛受众，他们在公共事件中占据舆论的主导地位，因此对公共事件的态度影响最大。

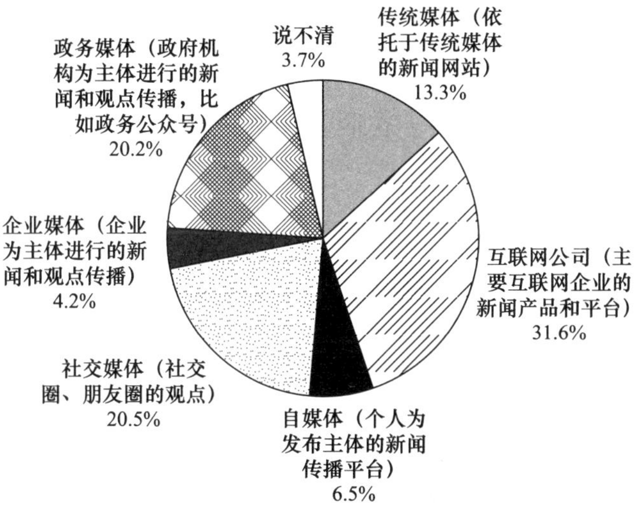

图 10　2017 年第三季度对公共事件的态度影响最大的渠道

七　媒体接触与社会态度、情绪

随着报纸、广播、电视、网站、APP 应用程序（手机等移动端）、社交媒体、杂志、户外媒体等八类媒介接触的增多，整个社会的情绪与态度受到极大的影响，尤其是网络社会已经和现实社会融合的今天，网民和民众的界限逐渐模糊，媒介接触产生的影响已经波及整个社会民众的情绪，本次调查主要从信息获取渠道及媒介接触两个层面考察其对社会乐观程度、政府政策满意度以及生活水平评价这几个指标的影响，从而挖掘媒体接触与社会态度、情绪之间的深层关系。

媒介接触、新闻资讯获取渠道与社会整体乐观程度整体呈现相关性。受访者对社会整体乐观程度呈增高趋势，可见媒介接触与对社会整体乐观程度有积极影响。对社会整体情绪造成影响的新闻资讯获取渠道主要包括：微博、门户网站、新闻网站、政府网站、QQ空间及论坛、贴吧。而在这些新闻获取渠道中，门户网站、新闻网站、政府网站等官方为主要参与主体的媒介对社会情绪产生正面影响，其中以政府网站为获取新闻资讯最主要途径的被调查者，打5分的比例明显高，对社会乐观度更高（见图11）。而微博、QQ空间及论坛、贴吧等以个人为主体的媒介对社会情绪容易产生负面效应。其中微博变化较为明显，通过微博获取信息者对社会乐观度评分明显低于非微博获取信息者（见图12）。主要原因在于以政府为主要参与主体的媒介具有一定的导向作用，在国家正确意识形态的指引下，呈现更加积极乐观的态度；以个人为主体的社交媒介缺乏“把关人”机制，而网络爆炸式传播的特点，极容易瞬间引爆舆论，产生舆论危机，对人们的观点和态度产生负面影响。

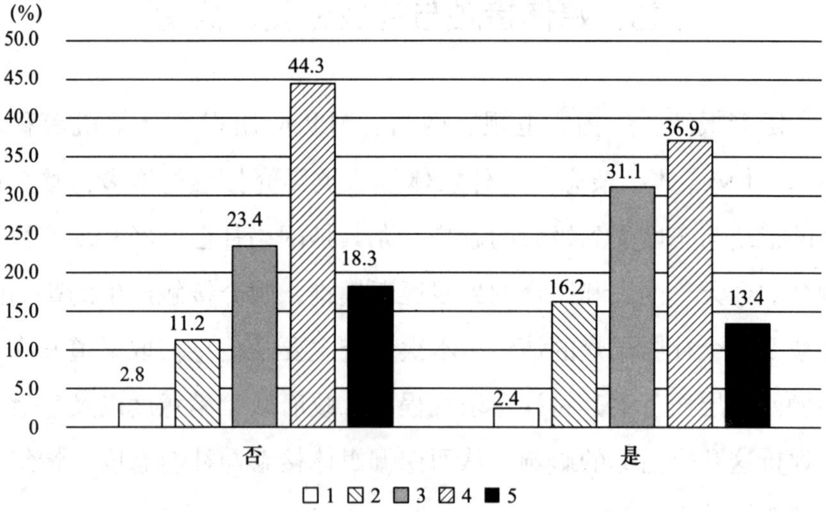

图11 2017年第三季度微博作为获取新闻主要途径对社会整体乐观程度的影响

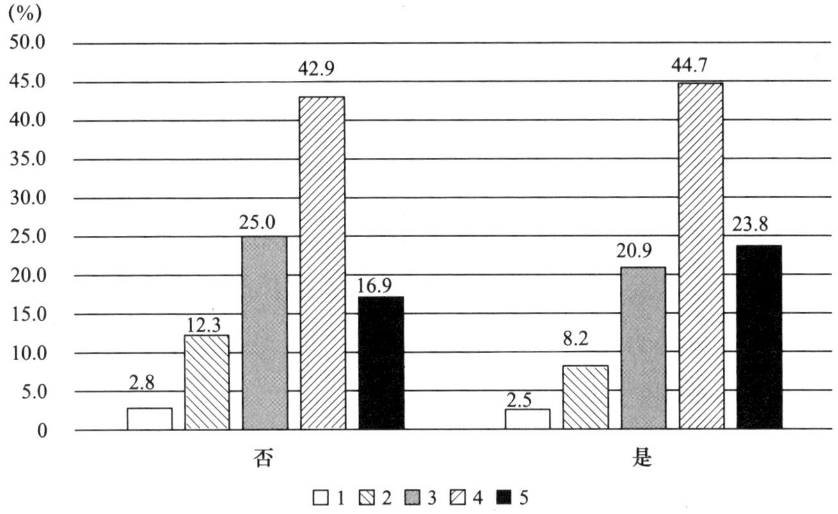

图 12　2017 年第三季度政府网站作为获取新闻主要途径对社会整体乐观程度的影响

媒介接触、获取新闻最主要途径与过去一年政府工作及政策的满意程度呈显著相关性。从媒介接触来看，报纸、广播、电视、网站、APP 应用程序（手机等移动端）、社交媒体、杂志、户外媒体等八类媒介接触情况与受访者对过去一年政府工作及政策的满意程度有明显相关关系。随着这八种媒介接触频率的提高，受访者对过去一年政府工作及政策“非常满意”的比例呈现增长趋势，媒介接触对满意度有正面影响。从获取新闻途径来看，其中电视、新闻 APP、门户网站、政府网站、新闻网站对受访者对过去一年政府工作及政策的满意程度有积极影响，而受访者选择微信公众号、境外媒体、QQ 空间及亲朋聊天（面对面、通过电话）作为新闻获取主要途径对过去一年政府工作及政策的满意程度有消极影响。主要原因在于政府近年来在行政方面的不断转型，通过对互联网为基础的政务新媒体的使用，提升了政府办公的透明性，加强了与民众互动交流，让民众通过更广泛的渠道来了解政府的工作和政策，这提升了政府的工作效率以及民众对政府政策的满意度。相对而言，社交媒体中主要以受众为主体，“意见领袖”在社交媒体传播过程中至关重要，一些“意见领袖”甚至会打着“辟谣”的幌子，对“抹黑”政府的谣言进行二次传播，并没有起到积极的作用，因此通过接触社交媒体的受众对政府工作的满意度并不高。尤其是境外媒体中，一些敌对势力为抹黑我国不惜一切代价，散布谣言、动摇人心以达到其他企图。

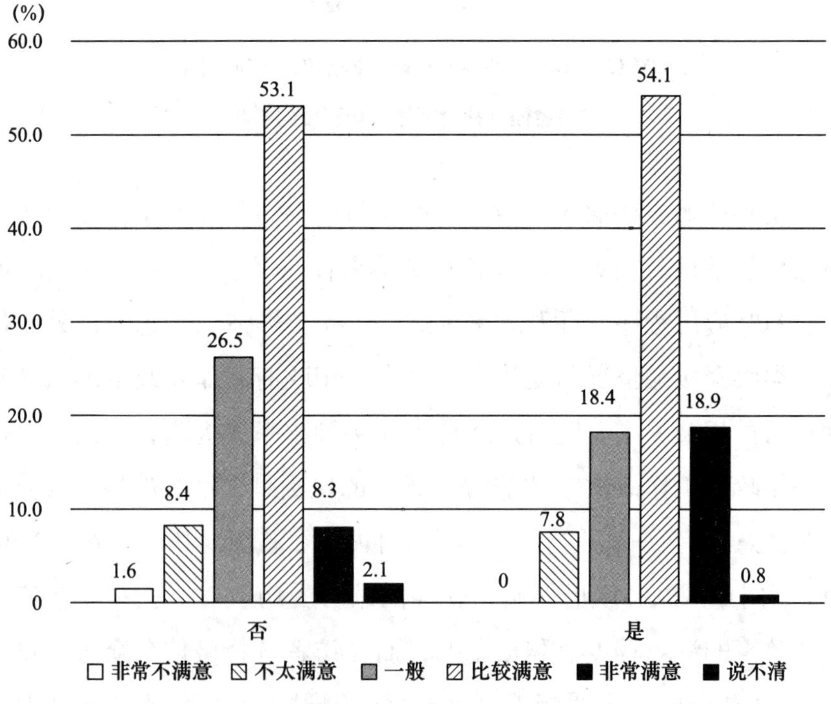

图 13 2017 年第三季度政府网站对政府工作及政策满意程度影响

报纸、电视、社交媒体、广播、杂志、户外媒体的媒介接触与

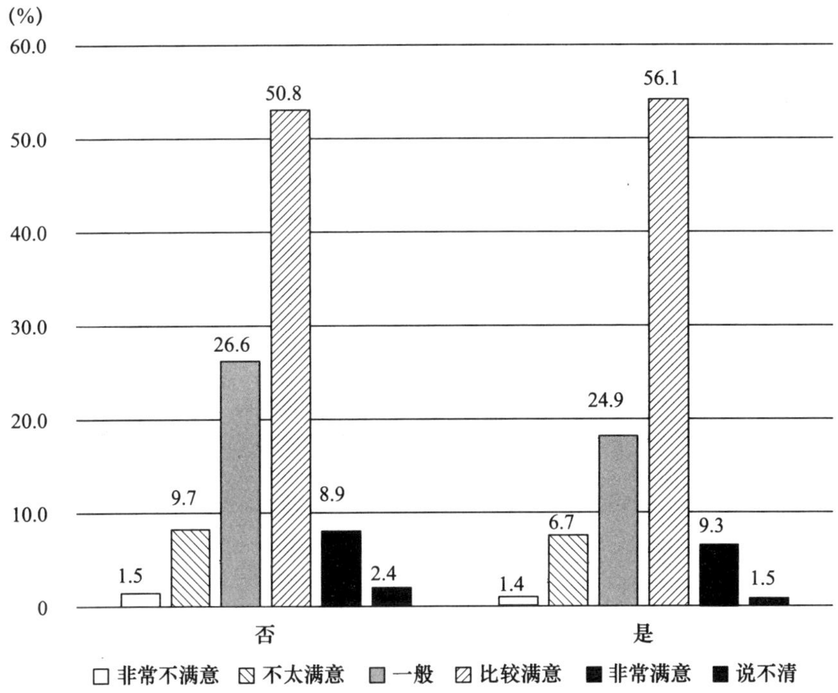

图 14　2017 年第三季度电视对政府工作及政策满意程度影响

如何评价自己的生活水平有相关关系。认为自己生活水平高/比较高的受访者比例，在报纸、电视、社交媒体、广播、杂志、户外媒体中随着接触的增多而增高。由此可见，接触媒介广泛的受众通常具有一定的经济实力，这可以通过对接触受众的收入分析得知，通常对自己的生活水平评价较高。

获取新闻资讯的主要渠道为新闻 APP、门户网站、政府网站与如何评价自己的生活水平有相关关系。获取新闻资讯主要渠道是政府网站的受访者对自己的生活水平评价更高。获取新闻资讯主要渠道是政府网站的受访者对自己的生活水平评价更高。获取新闻资讯主要渠道是门户网站的，对自己生活水平高/比较高的评价“是”

的受访者比例小于“不是”的。

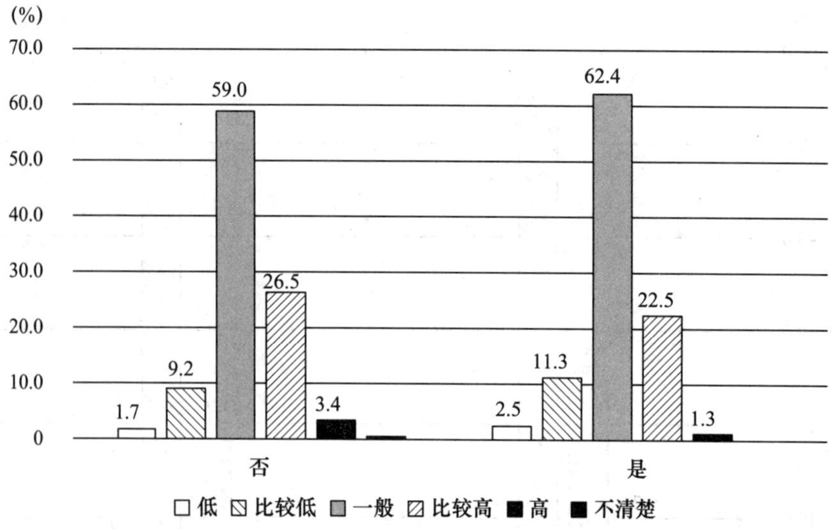

图 15　2017 年第三季度获取新闻资讯最主要途径为综合网站的被调查者对自己生活水平的评价分布

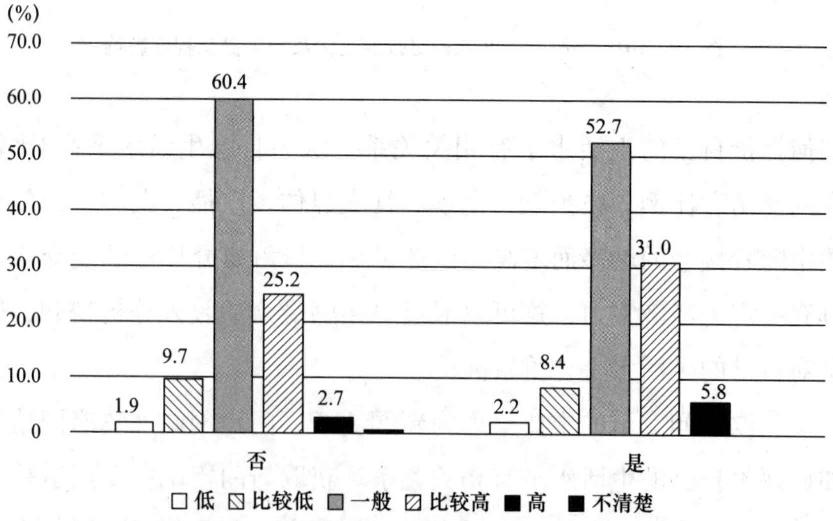

图 16　2017 年第三季度获取新闻资讯最主要途径为政府网站的被调查者对自己生活水平的评价分布

总而言之，全媒体的使用已经深刻地影响着人们的生活方式和认知方式。本报告通过对媒介使用数据的分析来分析各媒介受众使用情况和规律，新媒体已经成为受众使用的主流媒体对其认知和态度产生重要影响，然而电视等传统媒体也不甘示弱，积极转型，在融媒体时代仍保持领先地位，手机移动端成为风口，成为人们获取信息和发布信息的主要渠道，媒介接触与网络社会、情绪相互影响，这为学术研究开拓了新视角，这些都为媒介发展和社会发展提供了借鉴和参考。

央媒微传播力的研究与探索

——基于2017“两会”微信号的数据挖掘

杨斌艳*

一 前言

（一）研究背景

效果研究一直是传播学研究经典而重要的一个领域。近十年，全球传播技术变革，传播和媒体领域发生着颠覆式的革命。有研究者更是用“一年一时代”总结近三五年中国媒体领域的变革。比如：2014 年，融媒时代；2015 年，“众媒时代”；2016 年，“智媒时代”；2017 年，媒体行业更是迎来了一个兴隆的一年，大繁荣、大变革、大洗牌从这一年都开始了。“未来媒体”“一切皆媒”“媒体星球”等概念持续地冲击和重塑媒体行业。

2015 年底，中国社会科学院舆情调查实验室与新媒体研究中心共同发起了构建新媒体国家传播指数的计划，希望通过建立一套科

---

* 杨斌艳，中国社会社科学院舆情调查实验室执行专家、中国社会科学院新闻与传播研究所副研究员。

学的指标体系，对当前的媒体传播效果进行评估。该项目得到人民网舆情监测室、腾讯指数及中国舆情调查与研究联盟成员机构的支持。经过探索和评估，通过分类指标体系的构建，进行新媒体传播力指数体系的构建是比较可行也符合当前媒体传播生态的选择。

新媒体传播力指数体系由两大板块构成：一是媒体融合传播力指数，即衡量传统媒体在新媒体时代的综合传播能力与效果的指数体系；二是微媒体传播力评价指数，主要是关于微博、微信和新闻客户端的评价指数体系。在构建了不同的指标体系的基础上，舆情调查实验室希望通过不同的渠道进行各类指标体系的落地方案细化和数据实测，这样不仅能够在指标体系的指导下，推进实际的传播力测量与评估，也有利于通过实测数据进一步根据完善指标体系。

央媒微传播力的研究与探索就是这样的一个指标体系细化以及数据实测的过程。通过与腾讯指数的合作，以 2017 年两会期间的新闻传播为选定样本，测试央媒微信公众号的实际传播力和影响力。

（二）研究界定

“央媒”是中央媒体的简称，中央媒体是指隶属（直属）于中宣部、国家广电新闻出版总局的新闻媒体。在中国，央媒始终具有至高的地位和强大的传播力、引导力、影响力、公信力。尤其是重大主题新闻的传播方面，央媒具有无以匹敌的资源和深厚的功力。那么，央媒在新的传播时代，运用新的传播技术和平台，在重大主题报道中的传播力和影响力有多大？融合传播下，央媒在重大主题报道中的传播力和影响力的发挥有什么特点？

2012 年 8 月 23 日，微信平台开始提供公众号服务。2014 年 8 月 18 日，中央全面深化改革领导小组第四次会议审议通过了《关于推动传统媒体和新兴媒体融合发展的指导意见》。此后，微信公众号迅速成为媒体融合和媒体转型发展的重要平台，微信公众号在“两微一端”的格局中迅速异军突起，成为新闻传播和引导舆论的最为重要的平台。据微信团队发布的最新数据，“截至2017年9月，微信日均登录用户超过9亿，公众号月活跃账号350万，公众号月活跃粉丝数7.97亿”。[①] 就CNNIC发布的最新数据，截至2017年6月，我国网民规模达到7.51亿。就微博数据中心12月公开发布数据显示，“截至2017年9月，微博月活跃用户供3.76亿，日活跃用户达到1.65亿”。[②]

据腾讯指数对2017年全国两会[③]相关信息传播监测数据显示，2017年3月1日至3月13日，全国两会相关信息传播总量（含评论）共计2846万。从全网传播渠道来看，微信公众平台传播总量（含评论）2226万，在所有监测的传播渠道中占78.2%，成为最主要的传播渠道（如图1）。此处的“全网传播渠道”是指腾讯指数团队舆情监测的常用监测范围，主要包括：超过1.2万家主流新闻站点（含25万个网站子栏目）、新浪微博（圈定100万重点账号）、1800多个主流网络论坛站点、超过1000万个活跃微信公众账号、QQ空间、腾讯新闻报道等公开场景数据。

---

① 《微信官方发布〈2017微信数据报告〉》，新浪科技，http://tech.sina.com.cn/roll/2017-11-12/doc-ifynsait6972637.shtml。

② 《2017微博用户发展报告（下）》新浪汽车，http://auto.sina.com.cn/yx/yd/2017-12-28/detail-ifyqcsft7680218.shtml。

③ 2017年两会，即中国人民政治协商会议第十二届全国委员会第五次会议和中华人民共和国第十二届全国人民代表大会第五次会议，政协议定于3月3日下午3时在人民大会堂开幕，3月13日上午闭幕；人大会议3月5日上午开幕，15日上午闭幕。

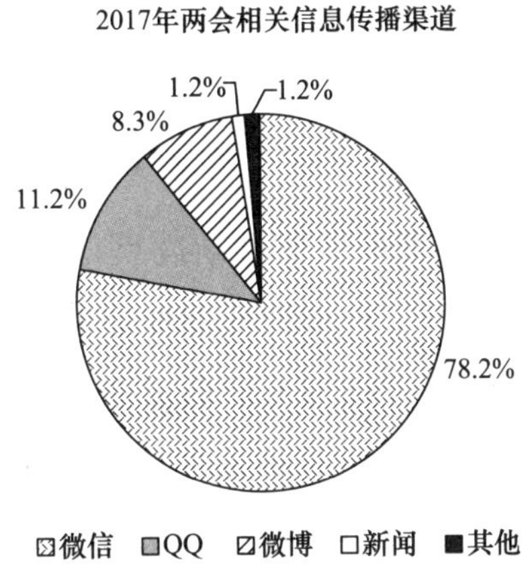

图1　2017 年两会期间相关新闻传播的分布

（2017 年 3 月 1 日至 3 月 13 日）

（三）研究对象的选取

2000 年，为了推动传统媒体在互联网时代的发展，国家扶持了一批重要的互联网传播平台，以中央重点新闻网站最具代表。这些网站多依托重要央媒或者国家重要的新闻出版机构等，这些中央重点新闻网站在持续进行的融媒体发展中也一直是主力军。2009 年后迎来了移动互联网时代，在随后的移动端新闻传播和“两微一端”新闻传播过程中，这些中央主流网站也成为积极践行者，并且一直是传统媒体领域的领先者和模范。根据以上的背景和基础数据分析，确定以央媒微信公众号在 2017 年两会期间的表现作为探索央媒微传播力的研究路径。以 14 家国家重点新闻网站[①]的微信公众号

① 14 家国家重点新闻网站为：人民网、新华网、中国网、央视网、国际在线、中国日报网、中国青年网、中国经济网、中国台湾网、中国西藏网、央广网、中国新闻网、光明网、中青在线。

为基础，并直接剔除国际在线、中国台湾网、中国西藏网三家定向目标受众明确的网站，对其他11家中央重点新闻网站官方认证的微信公众号的数据进行监测分析。同一媒体机构下的多个微信公众号累计在同一个传播主体下。

按照此思路，对11家中央重点新闻网站及其背后的传媒机构的新闻类微信公众号进行了初步的数据抓取和监测，但是却发现这些微信公众号在很多监测数据点上，数据量的差距非常巨大，很多是好几个数量级的差异。因此，根本无法进行有效的比较和分析。在获得此结果后，我们对于分析和监测对象又进一步进行了调整。因此，下面报告中的数据，有些是来自不同监测范围和对象的数据。这些我们在具体研究报告和行文中会再仔细说明。

（四）指标体系细化

根据新媒体传播力指数下，微媒体传播力中微信传播力的指数体系设计，主要由覆盖度、传播量、互动性、影响力4个维度组成，涉及9个数据采集点。考虑微信公众号的传播特征和数据采集点，初步设计了以下3个方面的指标和9个数据采集点：

1. 关注度：（1）公众号被关注量；（2）两会期间关注量变化；（3）关注量变化的节点（变化时间或者影响变化的文章）。

2. 活跃度：（1）公众号发文量；（2）原创文章量；（3）互动量回复量（留言回复情况）。

3. 到达度：（1）阅读量；（2）点赞量；（3）用户停留时长（可以是总时长）。

这9个数据采集点经评估和初步数据测试，并考虑数据积累、数据安全等各方面的因素，经过与腾讯指数团队的反复沟通和评估，最后确定了如下可执行的指标体系（见图2）。

以下报告中的数据和图表，均由腾讯指数团队根据指标体系评估计算后提供。

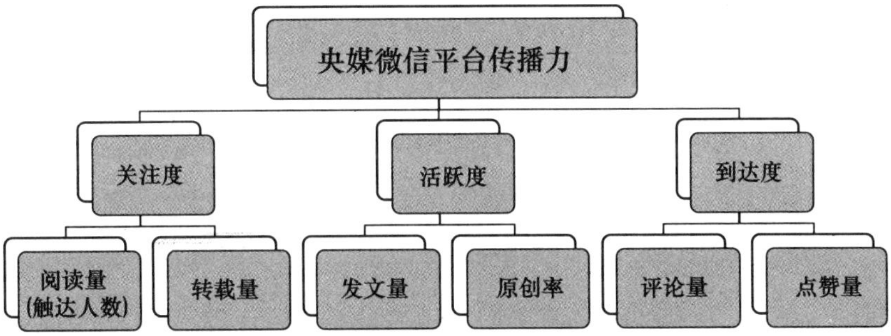

图 2　央媒微信平台传播力评价指标体系

二　研究发现

（一）央媒在微信平台的传播力已经超越网站

据腾讯指数数据显示，微信公众平台（3 月 3—15 日）两会相关文章数量共 61.2 万篇，而央媒微信公众号的两会内容为 24.7 万篇，占微信平台总量的 40.4%。对比原来最有影响力的新闻网站渠道，25 万个主要网站新闻栏目此期间的两会内容传播总量为 36.7 万，央媒网站两会内容总量为 14.6 万，占比为 39.7%。从传播总量来看，微信公众号平台已经远远超越新闻网站成为重大主题报道最为主要的渠道，而央媒在微信公众号上的传播力也远远超越了新闻网站，成为最为主要的传播力影响力渠道（见图 3）。从传播实际触达人次来看，央媒公众号两会新闻的总触达超过 1650 万。

除了传播总量和触达人群的数量非常之大，而且，各大央媒微信公众号在两会新闻传播中还进行了很多形式上的创新，通过动漫、MV、手绘、3D、H5、一图读懂、微视频、模仿群聊模式等多种生动活泼、互动性强的表现方式，不仅提高了网民的兴趣和关注度，而且这些生动有趣的内容，也得到了网民群体自发的转发，进一步促进了两会相关报道的扩大传播。

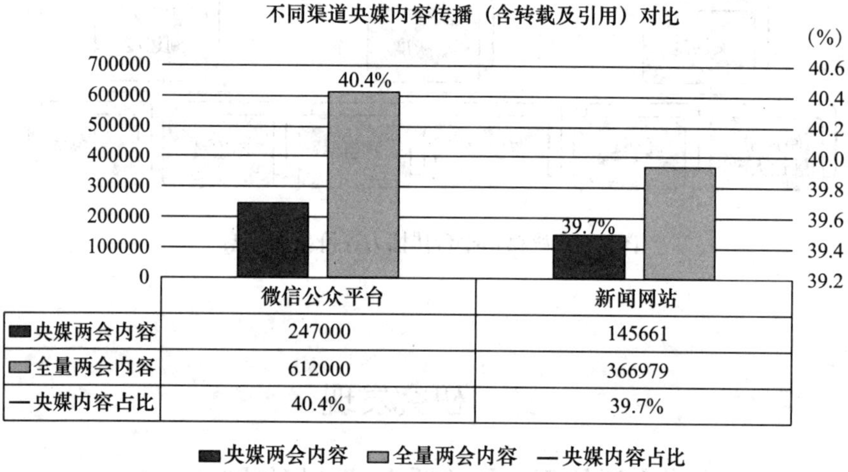

	微信公众平台	新闻网站
央媒两会内容	247000	145661
全量两会内容	612000	366979
一央媒内容占比	40.4%	39.7%

图3　央媒在微信公众号上的传播力已经远远超越网站渠道

（二）新的传播技术为央媒提供了新的竞争平台

在微信公众平台的两会内容传播中，传播热度最高的TOP10两会文章，有9篇都是央媒公众号首发；传播热度最高的TOP5两会微视频，全部来自央媒公众号。当然，这主要取决于央媒在重大主题报道中的绝对权威以及对于新闻源和采访源无与伦比的占有优势。而值得关注的是，新的传播技术和渠道提供了央媒新的竞争平台。比如：微视频的传播中人民日报、新华社（新华网）等也凸显出了在视频方面的传播力量（见图4）。

表 1 新华社（新华网）在微视频传播中凸显影响力

微信平台两会相关热门微视频 TOPS			
序号	微视频名称	出口单位	传播热度
1	人民代表习近平	人民日报	383178
2	国家相册丨四年间，习近平两会上的动人故事、难忘金句	新华社	114569
3	习近平关心的这六件事	新华社	9854
4	你用了洪荒之力 我的生活随之改变	新华网	7845
5	起飞了2017！航拍总理报告将如何改变你我生活	中国政府网&中国日报网&新华网	5718

（三）央媒微信公众号呈现明显“二八法则”，尤其是到达度

在传统媒体转型和融合发展的过程中，我们能够明显地感觉到“马太效应”和“二八法则”的存在。央媒本身积累的强大传播力和影响力，无论是当年的新闻网站时代、手机报时代、“两微一端”时代，还是现在的深度融合时代都为其进一步的快速和领先发展奠定了良好的基础。因此，央媒在网络时代的传播力和影响力仍然是主流，尤其是在重大主题新闻的报道传播中，更是具有无以匹敌的实力和公信力。而这种实力也在微信公众号的传播中充分地凸显出来。但是，这只是“二八法则”体现的一个方面，而另外一个方面，这种传播力的不平衡和差异也体现在央媒团队内部。

在此次监测的央媒公众号的数据中也有非常明显的体现。在初步筛选出来了 11 家中央重点新闻网站后，我们对其网站及其所属传播机构的所有新闻传播类微信公众号，进行了初步的数据抓取和监测，反馈得到的数据显示，这些公众号的传播量、点赞量等等数据相差非常巨大，甚至很多在所采集点的数据绝对值上都是好几个

数量级的差异，根本无法进行有效的比较和分析。在获得此结果后，我们对于分析和监测对象又进一步进行了调整。即，通过这些微信公众号的实际监测数据，选择基本在同一个数量级的 TOP16 公众号，对这 16 个最具传播力的央媒公众号进行更进一步的分析。

央媒微信公众号传播中的“二八法则”到达度这个一级指标上表现非常突出，触达人次、点赞数这个二级指标点的数据上呈现出明显趋势。

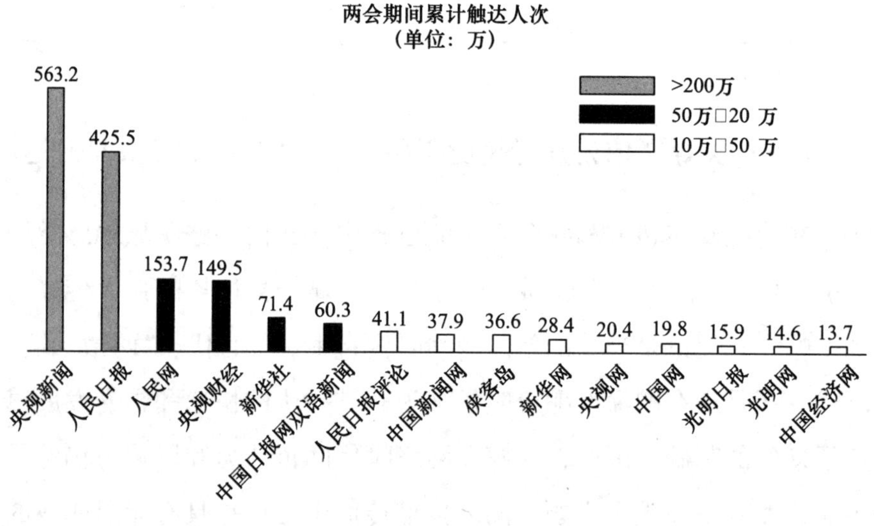

图 4　TOP16 央媒微信公众号两会新闻触达人次

然而，即使这个最强传播梯队的 16 个微信公众号在两会新闻传播的“触达人次”这一二级指标上显示出了明显的“二八法则”。如上图 4，这个 16 个公众号的触达人次呈现“L”形的分布。位于第一位的触达人次高达 563. 2 万，第二位达到 425. 5 万，而紧随其后的第三、第四位直接落到了 150 万左右，而后面的明显从数量级上就掉下去了。整体来看，触达人次在 10 万—50 万数量级的号有9个，2个数量级在50万—100万，2个数量级在150万左右；2个数量级在400万以上。

而如果进一步对以上16个微信公众号按照所属央媒机构进行归类和汇总，那么中极端趋势则更为明显。如图5所示，央视和人民在累计触达人次上遥遥领先，倒“L”形的分布更加显著。而排在前面的16个微信公众号经过机构归并后，也成为8家央媒机构。三大央媒旗下主要公众号在微信公众平台所推送文章，触达人数累计超过1600万人次，其中“央视新闻”和“人民日报”两大公众号为第一梯队，合计触达将近1000万人次。

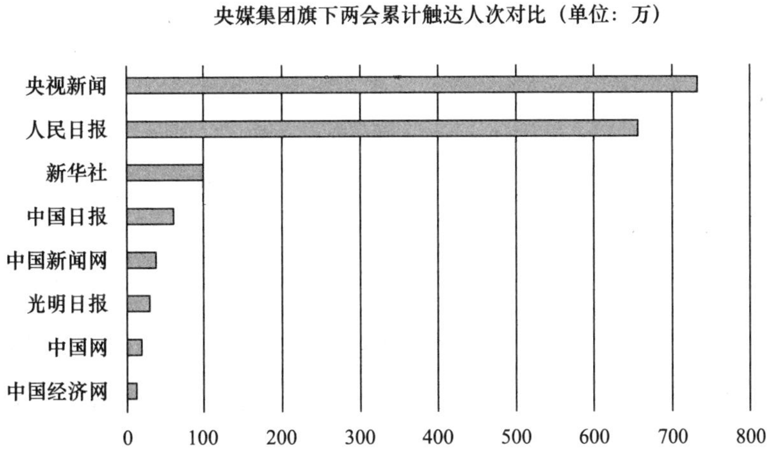

图5　央媒集团微信公众号两会新闻触达人次

注：图中坐标“人民　新华　央视”是指包括报纸、社、电台、网站、公号等一切传媒机构成集团。

这种极端分布的倒“L”形在网民点赞率（点赞率＝点赞量/阅读量）这个指标值上也表现得非常明显。TOP16的公众号，点赞率最高的“人民日报”公众号优势显著，平均每11次阅读就会产生 1 个赞。而紧随其后的第二、第三位等则点赞率明显下降（见图 6）。

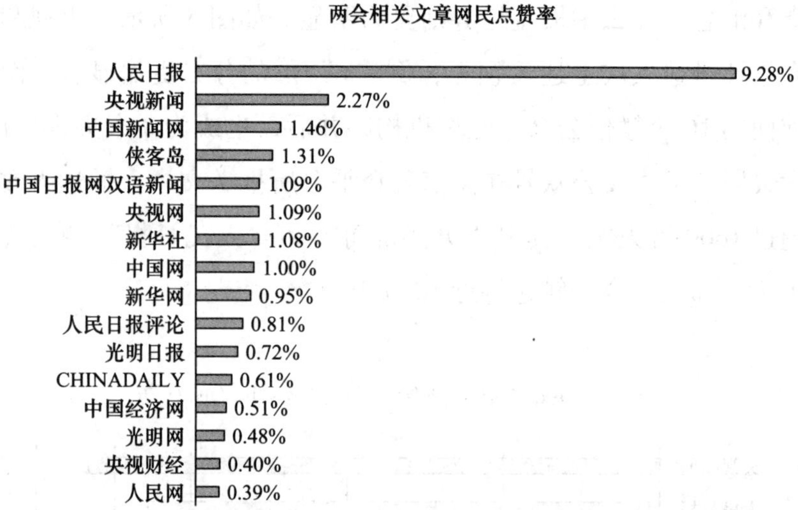

图 6　央媒集团 TOP16 微信公众号两会新闻网民点赞率

两会期间央媒旗下主要公众号共 97 篇新闻阅读量在 10 万以上。其中，“人民日报”公众号 44 篇，“央视新闻”公众号 40 篇，“人民网”公众号 5 篇，“中国经济网”2 篇，“中国日报网”双语新闻 2 篇，“侠客岛”公众号 2 篇，“新华社”公众号 1 篇，“央视财经”公众号 1 篇。这种高阅读的量文章在 TOP16 公众号中也呈现出较为极端的倒“L”形分布。而仅就三家央媒的传播总量来看，也能看出这种趋势。

当然，以上几个数据点呈现出的不平衡分布，是受多方面因素的影响的结果。相对人民日报、新华社、央视新闻等央媒本身都具有很强的专属传播特征，比如广播的整体受众规模以及广播载体原有传播经验的专长领域；很多央媒本来就定位于一个聚焦的领域或者一个特定的目标群体；很多央媒主要定位是对外传播。这种央媒微平台传播发展的不均衡既是一种客观情况，又是央媒发展历程和央媒差异化定位的必然。

（四）社交平台成为央媒新闻辐射力主要依赖路径

微信平台日登录用户超过9亿人次，公众号月活跃粉丝数7.97亿人次，两个方面都超过了中国网民规模。两会期间三家央媒公众号的触达量近1000万人次。三家央媒传播总量超过160万篇（见图7）。

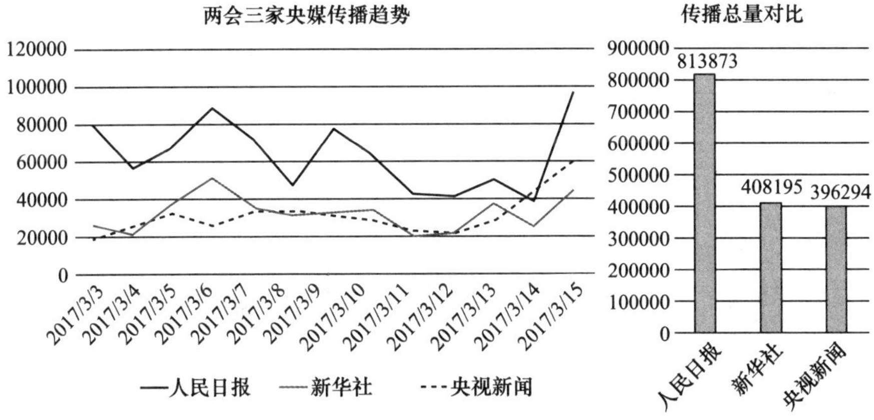

图7　三家央媒微信公众号两会新闻传播总量

通过数据监测来看，网络空间两会新闻的传播扩散情况，我们选择人民日报、新华社、央视新闻三家央媒作为数据测试点，对这三家网站两会期间的原创文章的传播和扩散情况进行了数据挖掘分析，整体状况如表2所示。就原创文章发布量、新闻网站传播扩散量和社交平台传播扩散量对比来看，原创文章经过新闻网站的转发传播后总量为原先的16倍多，经过社交平台转发的总量约是新闻网站传播量的10倍，把原创文章量扩大到160倍。可见，央媒原创新闻的传播扩散主要是在社交平台实现了大面积的传播。如果用比较形象的图表示，可以参见图8，相当于央媒文章的辐射力从原创文章起点到新闻网站，实现了原有传播量16倍的扩散，而经过社交平台传播扩散的总量则超过了原创量的160倍。

表2　三家央媒原创发布新闻量与传播扩散情况

	央媒原创文章发布量	新闻网站传播扩散量	社交平台传播扩散量
人民	3640	42363	813873
新华	5701	96913	408196
央视	975	25865	396294
总计	10316	165141	1618363
		传播量扩大16倍	传播量扩大160倍

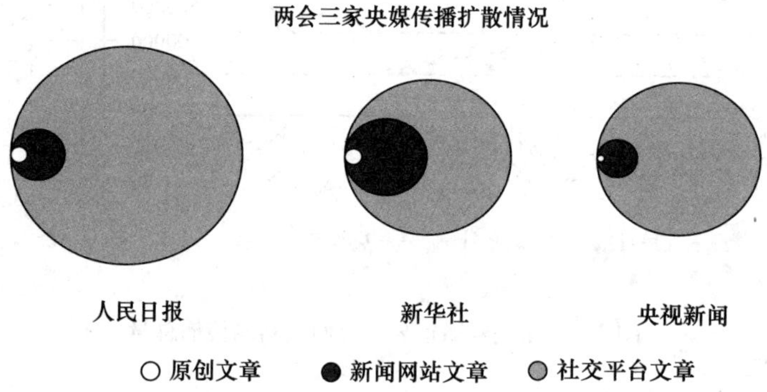

图8　三家央媒两会原创发布新闻传播扩散情况示意

而网络空间传播扩散的这种情况，不能简单地用传统传播理论中的“两级传播”或“多级传播”的理论来解释。“两级传播”的理论最早由美国学者拉扎斯菲尔德提出，该理论给出了一个“意见领袖”的重要概念，指出大众传媒的意见需通过“意见领袖”传递给一般大众。而以上传播过程中的新闻网站不能直接视为是网络传播中的“意见领袖”，即使一些新闻网站可能起到了部分“意见领袖”的作用。如果按照罗杰斯的“多级传播”理论，把“传播流”区分成“信息流”和“意见流”，那么从“信息流”的角度，新闻网站和社交平台的传播几乎是同时扩散的，因此是同一级的传播，只是传播扩散量不同而已。如果从“意见流”的角度来考察，新闻网站和社交平台哪一个更对“意见流”的传播形成作用，以及作用如何，都是需要进一步仔细考察和研究的。

（五）媒体传播与网民关注话题（UGC）呈现一定差异

网络舆论场中的官方与民间话题的差异和分化在近几年多有显现，而这种官民话题分化在两会这样重大的政治事件中，也有突显。两会期间依托腾讯指数的大数据监测系统，持续监测了两会期间多方位的舆情数据，当我们仔细分析和对比媒体新闻的话题传播和网民的话题和议题关注时发现：网民更关注与民生相关的话题；比较而言，网民对于高政治话题比较冷漠，关注度、互动度低；网民对一些政策的解读，态度呈现塔西陀陷阱。

就两会网民关注话题（UGC 内容）TOP10 来看，“质疑取消漫游长途费的实际作用”获超过 176 万的关注，成为网民最关注话题；其次是“呼吁支持独生子女父母优惠政策提案”。整体来看，网民关注话题 TOP10 全部是民生问题。如图 9 所示。从央媒的整体传播监测的热门文章、热门微视频、热门的 H5（页面制作）作品来看，主要集中于政府工作报告极其解读，以及习近平等国家高层领导人相关两会内容。

网民关注话题（UGC 内容）与媒体报道高热话题的差异在具体的一些数据中也有所反应。比如，此次两会中的《民法总则》修改、两高工作报告等，网民的关注度较低。以李克强总理记者会当天数据为例，网民关注话题第一位的是“房屋70年产权问题”（见图10）。

图9 两会期间网民最关注的十大话题

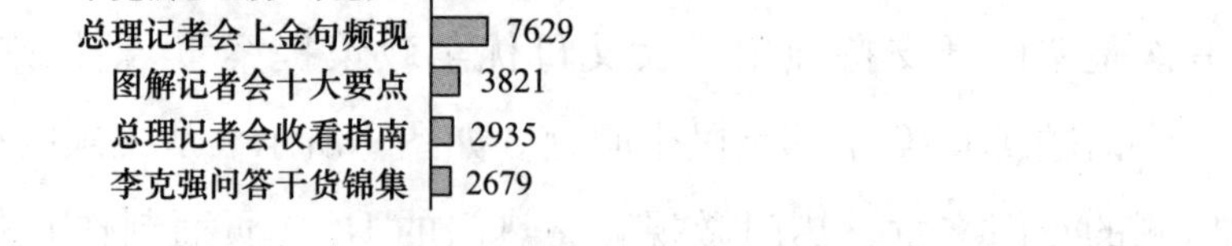

图10 李克强记者会网民最关注的十大话题

三 讨论及思考

2009年网络舆情开始在国内出现社会化和市场化的发展，经过近十年的发展，舆情领域在网络数据抓取、大数据挖掘方面积累的不少的经验。2013年起，随着大数据概念在国内的流行，舆情行业很快开始了大数据挖掘方面的众多探索。指标体系、语义模型等的建设是近两三年舆情行业在大数据挖掘方面最重要的探索。然而，原有基于事件为中心的监测模式，以及长期以负面信息为主的数据积累。这些一方面为舆情行业在危机管理方面的大数据应用奠定了很好的基础，另一方面也成为数据挖掘技术在传播以及社会其他研究方面应用拓展的障碍。

以舆情调查实验室与腾讯指数在央媒微信公众号传播效果评估方面的合作来看，原有舆情监测库中多以事件为线索进行网上数据抓取，所以在此方面的关键词库建设和语义模型上有一定的基础，但是对于像“全国两会”这样的阶段性数据，在基础词库和模型的建设上仍需要做很多摸索。另外，学术研究与传播平台的发展本身是两个互不相关的同步过程，而当两者希望一起进行微信传播力的探测时，很多情况下，研究者只能就平台的发展以及实践形成的现实来进行观察和分析。所以，这种情况下，所谓的研究只能限定在某项技术或者某个平台发展成为一个重要的传播渠道，并产生了巨大的传播影响力时，传播的研究者才开始关注和试图研究其传播特征，技术和商业为主的驱动和发展，在中国网络传播的初期就开始，而且这样的趋势随着技术革新有加剧趋势。这对新媒体传播效果的评估构成巨大的挑战。

当前微信公众号总量超过1500万个，微信公众号的粉丝量超过中国网民总量，微信已经成为中国民众获取新闻信息最为重要的平台。因此，研究微信公众号的传播力不容置疑。而从具有几十年的专业新闻生产和传播的传统媒体入手，进行其微信公众号传播力的研究是一个比较好切分的公众号群，也对于传统媒体融合发展具有重要意义。锁定传统传播领域和融媒体发展方面最具有影响力的团队，以央媒（中央重点新闻网站）为主体的微信公众号矩阵，以央媒最擅长和最有经验的全国两会传播为监测点，进行探索性的研究是综合考虑各种因素的一种便利性选择，而这种角度的选择，同时也是希望通过这样的研究和探索，探测传统媒体融合发展后，在微信平台、在擅长领域的最大传播能量。对于微信传播力的研究，除了微信官方的用户行为数据外，传播方面有两个方向可以进一步持续和深入。

一是，探测传统媒体微传播极值应该作为进一步研究的一个重要的方向。微信公众号的传播主体多元而复杂，然而，由传统媒体组成的微信公众号可以看成一个矩阵或者同性质传播主体，他们是我国微传播领域一支独特而重要的力量，基于这个传播主体进行的微传播力研究，应该持续进行。重大主题的新闻报道和传播是针对这类微信公众号群的一个易于界定和易于监测的点。对于这类研究而言，首先需要研究合作方与数据监测方持续进行基础关键词库和语义模型的建设和改进。因为，监测的基础关键词库和基础词汇之间的语义模型建构是数据质量的基础和核心，而国内相关方面的积累还比较少。尤其是缺乏相关研究机构与数据拥有方的有效深度合作机制。这方面的研究不仅对于传统媒体转型融合非常重要，而且对中国的传播体制和网络传播生态的建设也有重要参考。

二是，基于数据监测对最有影响力的第一团队的微信公众号的传播状况进行研究是一个比较容易执行的第二重要方面。比如，按照现有的一些数据点和已有的微信公众号传播评估指标体系为参考，先找到第一强传播团队。然后，对这样的强传播团队进行深入的分析。这是探索微传播力的另一种途径，也是微传播力研究的另一种切入法。

2017年社会新闻话题与阅读偏好

——基于腾讯新闻大数据的分析

陈华珊　王呈伟*

互联网时代，手机中的新闻客户端是人们日常获取新闻信息的最重要渠道之一。

根据《第40次中国互联网络发展状况统计报告》：截至2017年6月，我国网民规模达到7.51亿，互联网普及率为54.3%。而其中，手机网络新闻用户规模达到5.96亿，占手机网民的82.4%。中国社会科学院的《新媒体蓝皮书：中国新媒体发展报告(2016)》显示：93.5%的人平时通过手机获取新闻信息；而在使用频率上，77.4%的受访者几乎每天通过手机获取新闻信息。

在我国现有的新闻客户端中，2015年移动新闻客户端用户规模为5.2亿。腾讯新闻客户端的市场占有量为32.7%，在所有客户端中位列第一。

由传统媒体转向新媒体中的新闻客户端，读者不仅在观看新闻

---

* 陈华珊为中国社会科学院社会发展战略研究院副研究员，社会景气研究中心主任；王呈伟为上海大学社会学院硕士研究生。

的媒介上有所改变，参与方式上也有所改变。新媒体是读者从以往被动接受信息的一方变为能够主动发表意见的参与者，直接表现为新闻客户端之下的评论。读者的评论被认为是新媒体时代受众的自我赋权，是他们主动参与传播并积极表达自己观点的表现。

本研究试图基于互联网大数据来分析在新闻传播过程中，用户的新闻阅读偏好及其相关行为模式。

一 数据来源

本研究所采用的数据来自使用爬虫技术所抓取的腾讯新闻用户评论，数据覆盖时间段为自 2017 年 1 月 1 日至 3 月 31 日，共获得 96914 位具有抽样代表性的匿名用户，所采集用户评论数据共 1088167 条，涉及新闻 86145 条。

在大数据条件下，研究大众的新闻阅读偏好可以分为两种数据使用途径，第一种为根据用户阅读点击记录作为大众新闻的依据，其优势是较好地捕捉了新闻对大众的覆盖率，但其缺点是无法区分用户的无意识操作、自动化点击等非人为操作；第二种则是基于用户新闻评论，采用这类数据虽然在一定程度上降低了对新闻覆盖率的估计，但是用户新闻评论要求促发用户的回复和点击行为，必然表示用户阅读了相关新闻，且对该新闻具有强烈反应或共鸣，因此使用用户评论数据更能代表大众对新闻的偏好程度。由于本研究的目标并非着眼于新闻的阅读率、覆盖率等总体性分析，而是基于代表性用户样本来分析用户的新闻阅读偏好和习惯，因此采用基于用户评论的数据更为合适。

二 热点新闻提取及分类

本研究采用基于潜狄氏分配（Latent Dirichlet Allocation）的主题模型（topic model）（Blei & Ng et al.，2003）对2017年上半年的新闻内容进行文本聚类分析。LDA模型属于无监督的自动聚类模型，也是一种生成性模型，利用主题模型而得到的主题可以用来进行信息检索、分类、聚类、摘要提取等工作。本研究数据中共包含86145条新闻，如果使用传统的人工标注分类，那么工程量是巨大的。运用主题模型则很好地帮助我们简化了这一程序，并且准确地按照新闻的完整内容进行主题提取。

在主题模型聚类的基础上，本研究采用人工编码的方法，对主题聚类进行合并，最终得到六大类常规新闻主题及22类热点新闻事件。

（一）常规新闻主题

对于数据中用户评论的总计条新闻的内容进行内容分析，通过运用主题模型将新闻从内容上大致分为六大类：民生、娱乐休闲、时政、生活、科技文化、财经。在本分析中，将以用户对该六大类新闻阅读偏好作为其个体整体上的阅读偏好。

（二）热点事件

结合考虑新闻的讨论热度，可以从六大类新闻中整理出几类热点事件，包括：全国两会、总书记改革政策、朝核问题、特朗普就任、萨德事件、于欢案、反腐败、南海关系、欧洲恐袭、一带一路、反韩反乐天。

回顾 2017 年 1 月至 3 月的新闻事件，结合数据中回复较多的事件话题，本文一共呈现 22 个具有较高影响力的话题或事件，分别为：雾霾、明星、南海关系、反韩反乐天、于欢案、电子产品、一带一路、全国两会、朝核问题、周立波、特朗普就任、反腐败、总书记改革政策、欧洲恐袭、丽江、萨德事件、游戏、APA、体育、天津大妈、穿山甲①。

再根据这些话题或事件的爆发事件与持续程度②的不同，分为两类：话题类与事件类。其中，话题类包含的主题有：雾霾、明星、南海关系、财经、电子产品、一带一路、朝核问题、萨德事件、游戏、体育；而事件类又可以根据内容的差异分为政治型、社会型两种。其中，社会型事件有：反韩反乐天、于欢案、周立波、丽江、APA、天津大妈、穿山甲；政治型事件有：全国两会、特朗普就任、反腐败、总书记改革政策、欧洲恐袭。

本文在处理数据时，根据模型的需求，选取了至少评论过三个话题类型的用户，共计 4996 位；共有记录 291959 条。

---

① 周立波：2017 年 1 月 20 日，周立波在美国因涉嫌藏毒持枪被捕。

丽江：2017 年 1 月 23 日，微博昵称“琳哒是我”发博称自己去年在丽江旅游时被暴打以致毁容的始末，引发网友热议。

APA：2017 年 1 月 15 日，微博网友@ KatAndSid 爆料称日本 APA 连锁酒店 CEO 元谷外志雄撰写并在客房放置右翼书籍一事。

天津大妈：2016 年 10 月 12 日，赵春华在大悲院码头摆摊打气球被抓。2017 年 1 月 26 日上午，天津大妈赵春华非法持枪案在天津市第一中级人民法院二审开庭。改判赵春华缓期。

穿山甲：2017 年 2 月 6 日，新浪博主“Ah_cal”于 2015 年的微博“在广西考察吃穿山甲”引发热议。

② 有部分事件的发生时间是 2016 年，而讨论一直持续至 2017 年，因此在此也算作是持续性话题，例如萨德事件、南海关系等话题。

三 公众新闻阅读偏好

（一）新闻阅读整体偏好

在本研究中，通过计算用户对六大类常规新闻主题的阅读偏好，可作为衡量用户个体一般意义上的新闻阅读偏好。

整体的新闻阅读偏好情况如图1所示，谈论娱乐休闲类话题的人占比最高，为30%；其次是民生类新闻，占25.8%；生活类新闻的评论数是全部评论数的19.5%；时政类占13.6%；科技文化类占7.7%；而财经类占比最低，仅为3.4%。随着阅读新闻所需的严肃性、专业度的增加，各类新闻的受关注比例递减。

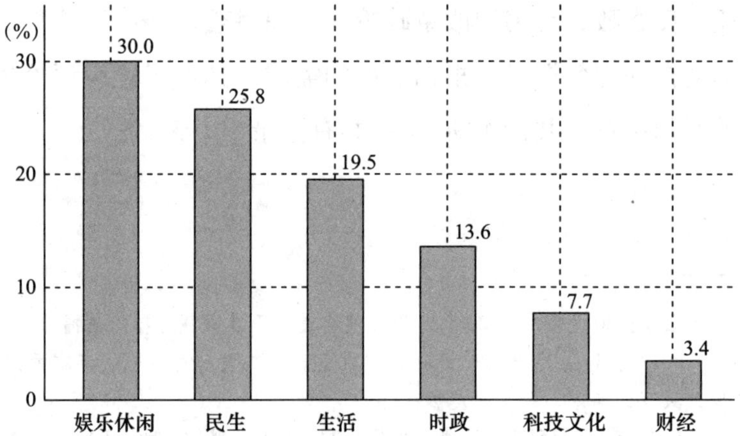

图1 六大类新闻评论的整体情况

整体偏好与热点事件关注度

可以假设用户的一般情形下的阅读偏好与其对突发新闻事件、热点新闻事件的关注存在关联。通过计算用户一般阅读偏好与对特定新闻时间阅读偏好之间的关联，可以看出该类型新闻事件对用户的吸引力程度。

根据表 1 的相关性分析，可以看出，关注娱乐休闲类新闻的用户同时也较为关注萨德事件与特朗普就任事件。前者可能是因为萨德事件与一直向中国输入文化的韩国有着直接关系，因此不少关注韩星的受众同时会关注此类话题；后者则可能是因为特朗普竞选过程中夹带着一些轻松有趣的花边新闻，因此不少喜欢轻松娱乐话题的人也会关注。

从表中可以看出，由于这 11 类热点事件都偏向政治类，因此，关注时政类新闻的用户同时也对这 11 类事件较为关注。

关注民生类新闻的用户同时也较为关注反韩反乐天事件与于欢案。这两个事件都很贴近于生活，并且影响范围非常广，因此关注民生类新闻的人都会关注这两类新闻。

关注财经类新闻的人也会对全国两会、反腐败等事件较为关心。政治话题与财经类话题本身就有一定的关联性，因此研究财经类新闻的读者也更倾向于研究政治走向。

表 1　　用户一般阅读偏好与热点事件关注度相关系数

	全国两会	一带一路	反腐败	朝核问题	南海关系	萨德事件	反韩反乐天	特朗普就任	欧洲恐袭	于欢案
娱乐休闲	—	0.02	—	—	—	0.05	0.03	0.06	—	—
时政	0.14	0.27	0.17	0.43	0.43	0.44	0.18	0.40	0.24	0.06
民生	0.05	0.04	0.11	—	0.03	—	0.16	—	—	0.31
生活	0.06	—	—	—	—	—	-0.06	—	0.11	-0.17
科技文化	-0.21	-0.10	-0.21	-0.11	-0.15	-0.11	-0.15	—	-0.11	-0.10
财经	0.11	-0.07	0.16	-0.08	—	-0.23	-0.10	—	-0.14	-0.16

（二）新闻阅读的省份差异

1. 六大类新闻关注度的省份差异

如果将关注度定义为某个省份评论某一类新闻的人数除以该省全部参与评论的人数，那么则可以得到各个省份对于该六大类话题的关注度①。

由图 2 可知，对于财经类新闻的关注度以香港、北京、湖北等省区为高，而宁夏、青海、澳门等省区为末。香港、北京等城市较为发达，其中有不少金融机构，因此其用户中对于财经类的关注度自然不低。此外，上海作为金融中心，其关注度（6%）没有明显低于北京（7%）。

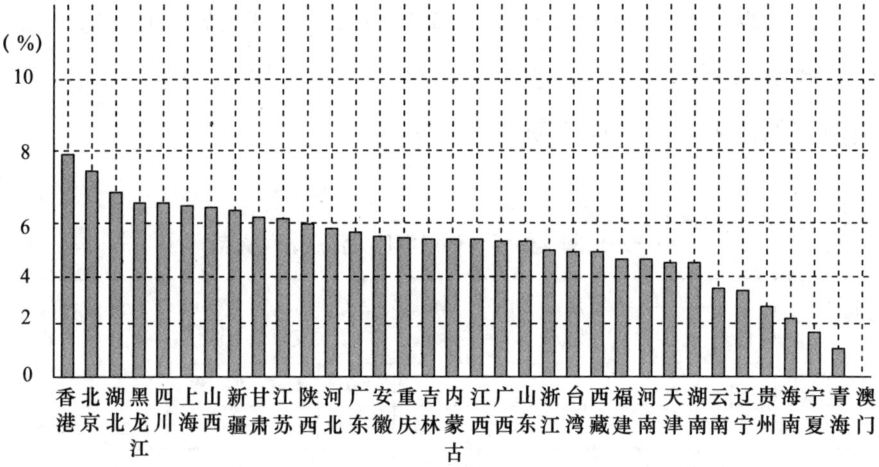

图 2 财经类新闻在各省区的关注度

---

① 由于西藏、香港、台湾等地的总评论人数较少，因此这些省份对于某些类新闻的关注度则相对较高。

由图 3 可知，科技文化类新闻中，香港、宁夏、新疆等省区的关注度较高，而广东、青海、澳门等省区为最末。此类数据中由于当地使用用户少，因而造成关注度高的情况比较明显。除去极端值，我们就会发现，科技文化类新闻在各省中的关注度很均匀，相差不大。

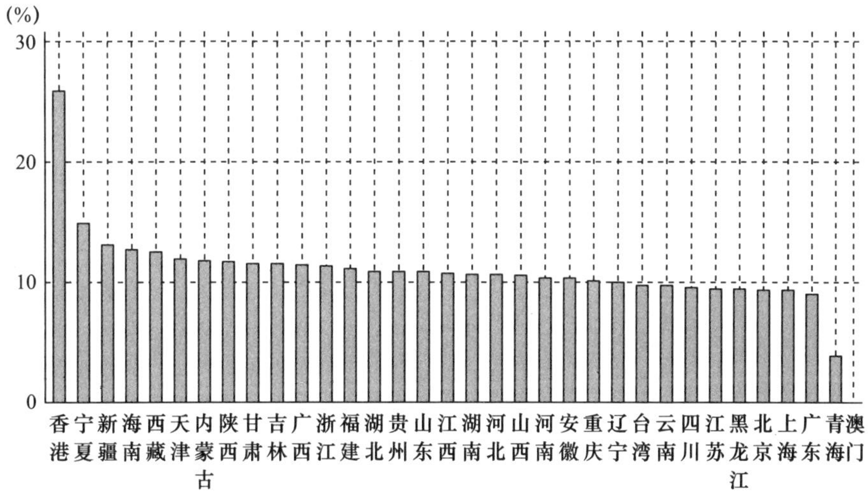

图 3　科技文化类新闻在各省区的关注度

由图 4 可知，民生类新闻的关注度普遍较高，且关注度相对均匀。去除样本较少的澳门、台湾和青海三省区，关注度前三位为北京、云南和陕西，而以新疆、宁夏、西藏等地的关注度为末。

在生活类新闻关注度上，若不考虑样本非常少的澳门以外，各个省市对于此类新闻的关注度相差无几，集中在 25% 上下。六大类新闻中，在生活类新闻关注度上，省际差异是最低的。

在时政类新闻关注度上，排名最高的前三位分别海南、甘肃和上海。

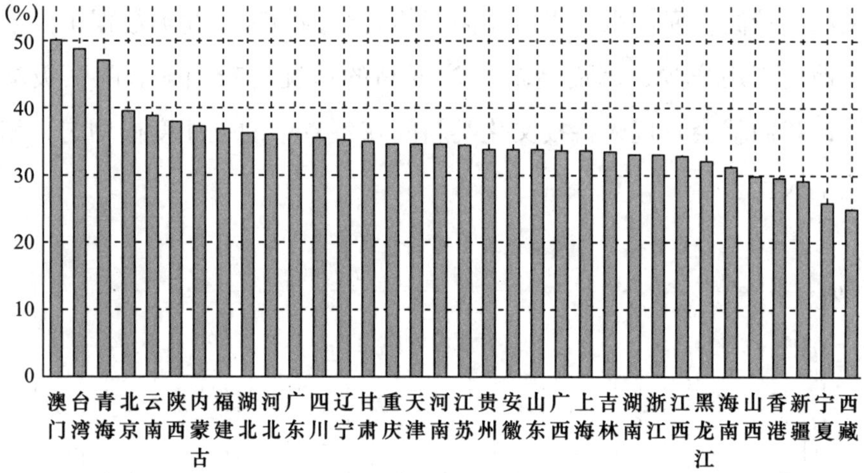

图4　民生类新闻在各省区的关注度

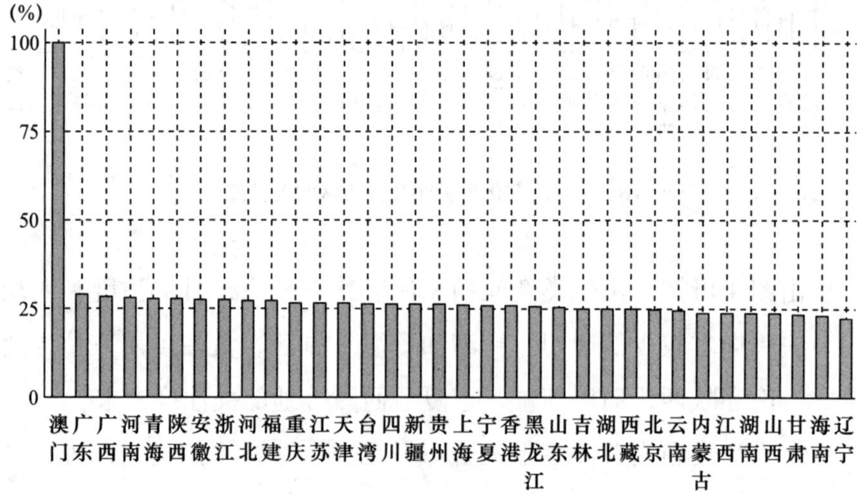

图5　生活类新闻在各省区的关注度

对于娱乐休闲类新闻在整体上有较高的关注度，其中排名最靠前的是湖南省、辽宁省和海南省，关注度皆在45%左右；除去澳门之外，陕西、北京以及青海的关注度则稍弱一些，但也稳定在35%

之上。

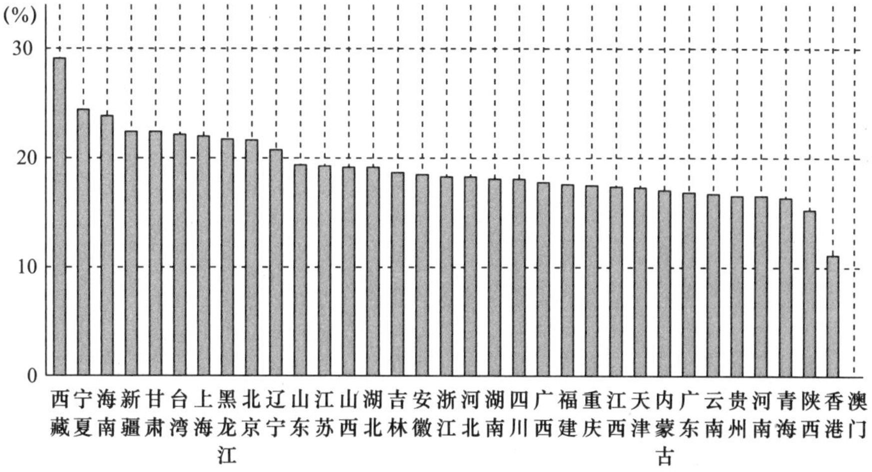

图 6　时政类新闻在各省区的关注度

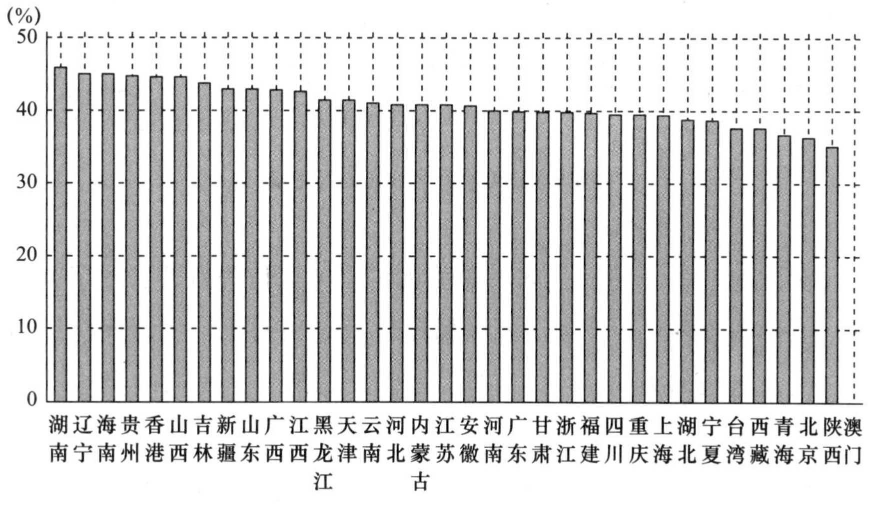

图 7　娱乐休闲类新闻在各省区的关注度

2. 热点事件新闻关注度省份差异

对于全国两会的关注度最高的前三位为台湾、香港、北京，上海紧随其后；而内蒙古、西藏、澳门则对此关注度较低，尤其后两者，关注度几乎为零。在一线城市中，北京、上海对于两会的关注度较高，广东则因为地理位置上距离两会召开地遥远而关注度不高（见图8）。

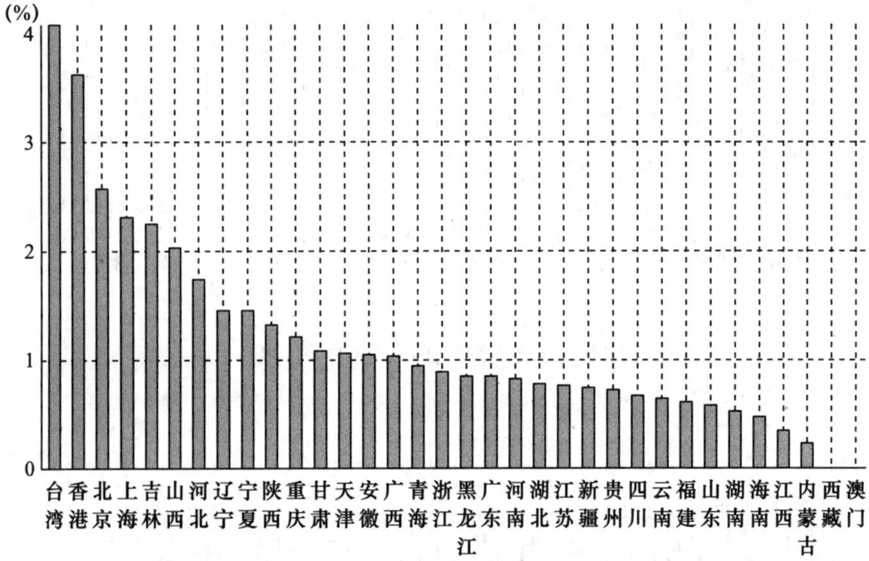

图8　全国两会在各省区的关注度

对于“一带一路”倡议的关注度最高的三位为台湾、辽宁、北京，值得注意的是，宁夏、新疆紧随北京之后对于该倡议保持了高关注度，这是因为该倡议与它们在地缘上相近。而以内蒙古、西藏、澳门为末（见图9）。

反腐败问题在重庆得到了极大的关注，接近13%，且远超其他省市；北京、西藏对此的关注度紧随其后，台湾对此的关注度以大约7%，名列第五；而青海、香港、澳门的关注度则最末，尤其后两者的关注度接近于0（见图10）。

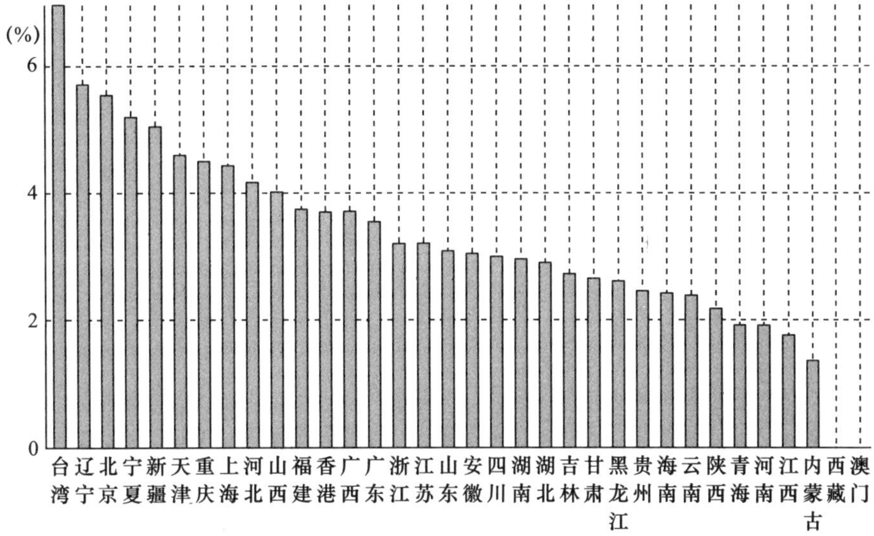

图9 “一带一路”倡议在各省区的关注度

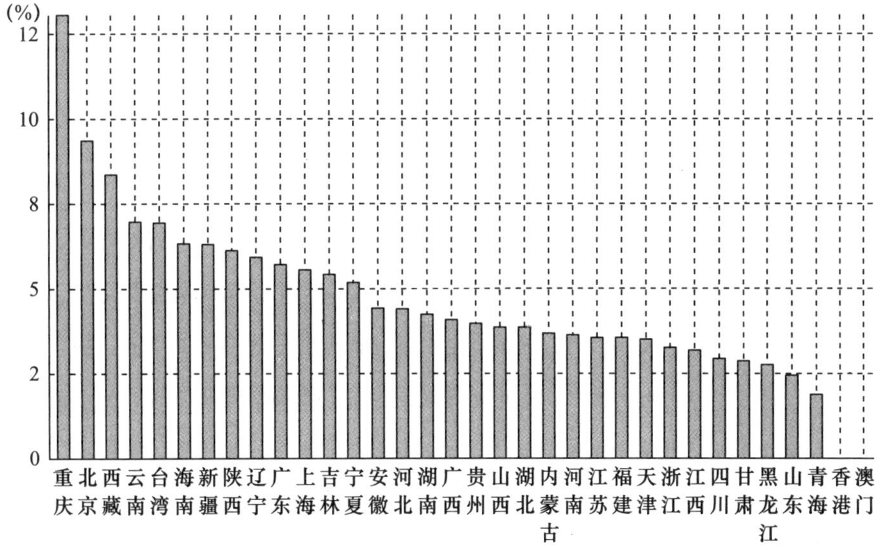

图10 反腐败在各省区的关注度

香港用户对于南海问题的关注度相当高，在12%左右。天津、辽宁随其后；而以西藏、澳门为末。与南海问题在地缘上较为接近的海南、台湾都有较高的关注度（见图11）。

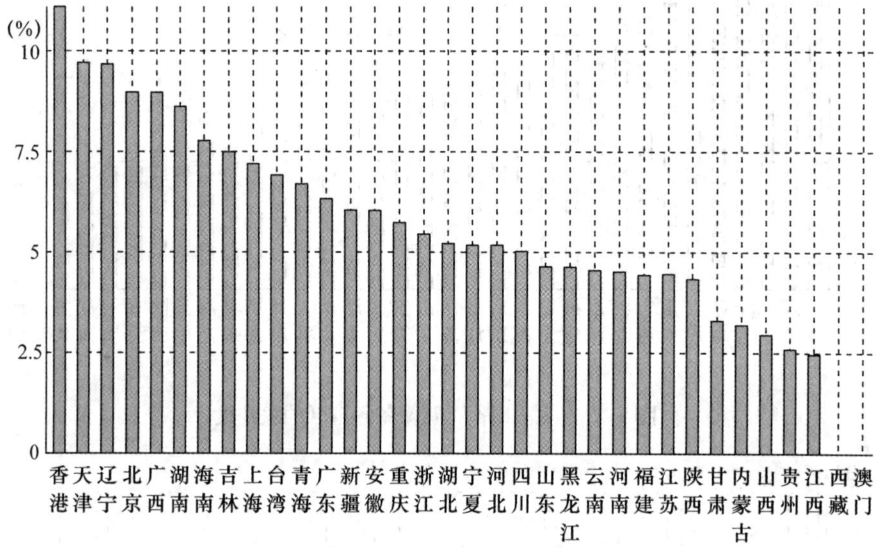

图11　南海关系在各省区的关注度

在周边国际事件上，包括朝核问题、萨德事件、反韩反乐天这三个主要事件。对于朝核问题的关注度，关注度最高的为辽宁省，超过12%，这主要是因为其地缘上接近朝鲜。北京以10%的关注度随其后，之后是台湾。另外距离朝鲜较近的吉林省关注度也将近6%。而青海、西藏、澳门则为末（见图12）。

萨德事件在台湾、西藏、海南的受关注度很高，香港、北京、黑龙江、辽宁随其后，黑龙江与辽宁两省与韩国地域上相近，关注度也相对较高。

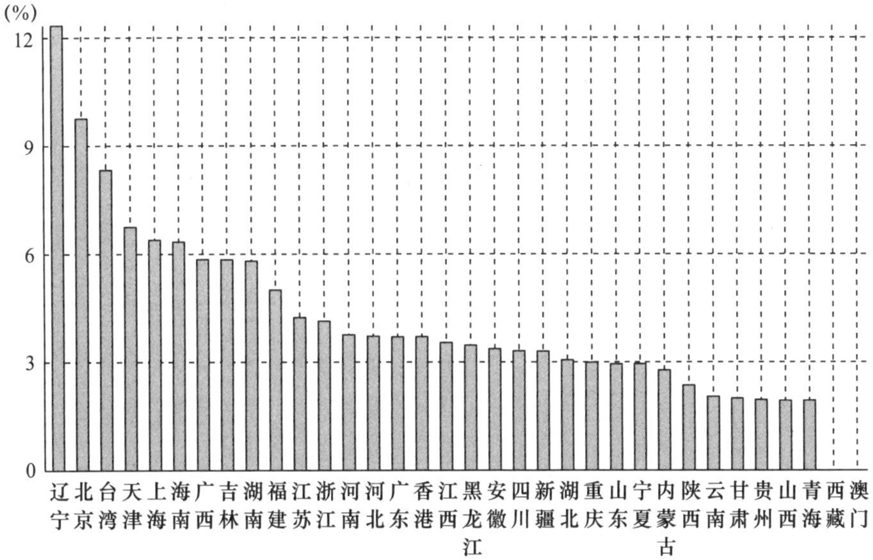

图12　朝核问题在各省区的关注度

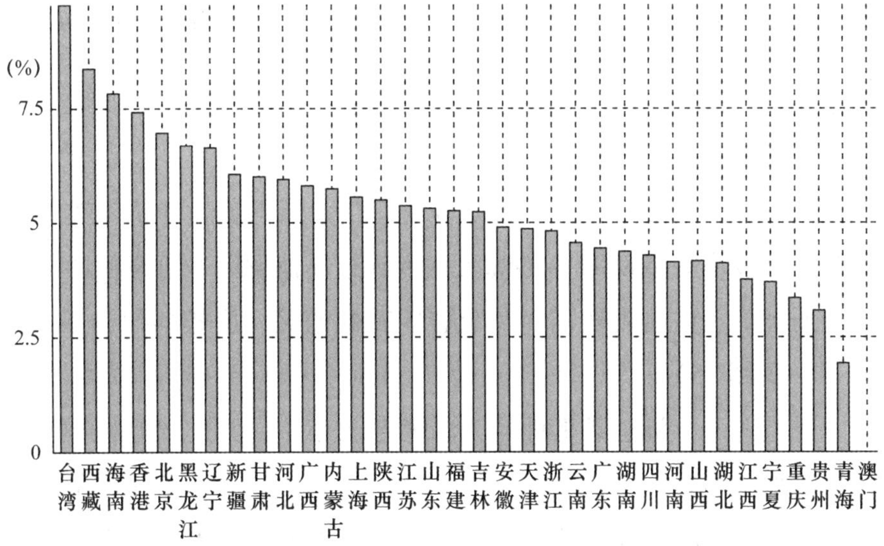

图13　萨德事件在各省区的关注度

对于反韩反乐天事件的关注度由香港的9%领跑，地域上与韩国接近的黑龙江、辽宁则以7%左右的关注度紧随其后，吉林的关注度也在4.5%左右。而青海、西藏、澳门对此的关注度接近于0（见图14）。

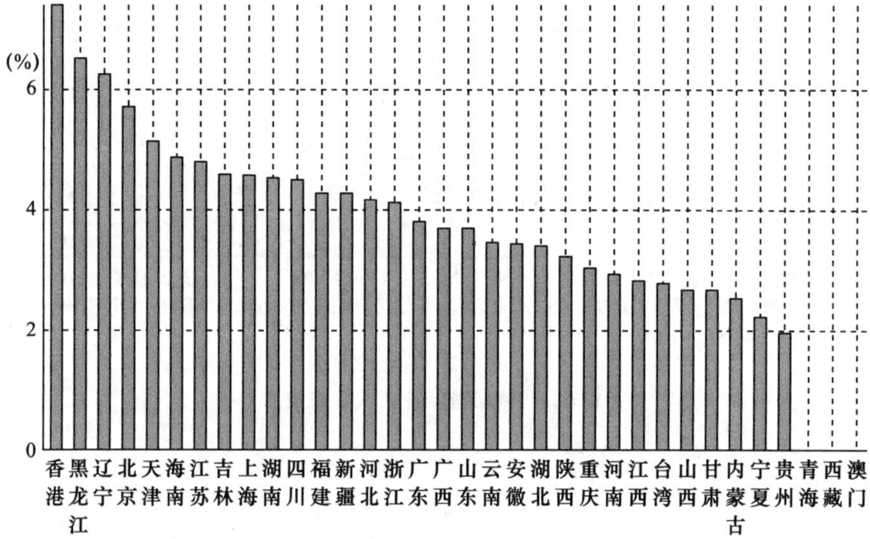

图14　反韩反乐天在各省区的关注度

在国际事件上，主要有特朗普就任及欧洲恐袭。特朗普就任事件的关注度由香港以15%的高关注度远超其他省区。西藏和辽宁的用户对此的关注度也较高。其余省区对此的关注度较均匀，在5%上下（见图15）。

香港对于欧洲恐袭事件的关注度将近18%，其余省市对此的关注度都低于5%，其中以天津和新疆、辽宁的关注度较高。香港有很长一段殖民历史，因此从历史记忆角度考虑，香港会比其他城市更贴近欧洲的动态。

于欢案的关注度普遍较高，其中北京的关注度接近于14%，其次是黑龙江、海南。而案发地山东的关注度在11%上下，与重庆、香港等地并列第四。台湾、澳门等地则对此案无甚关注。

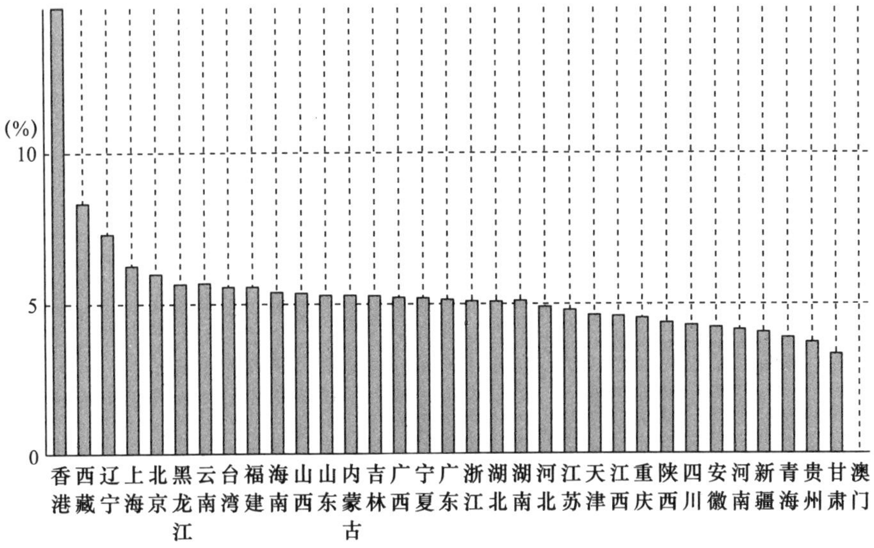

图 15　特朗普就任在各省区的关注度

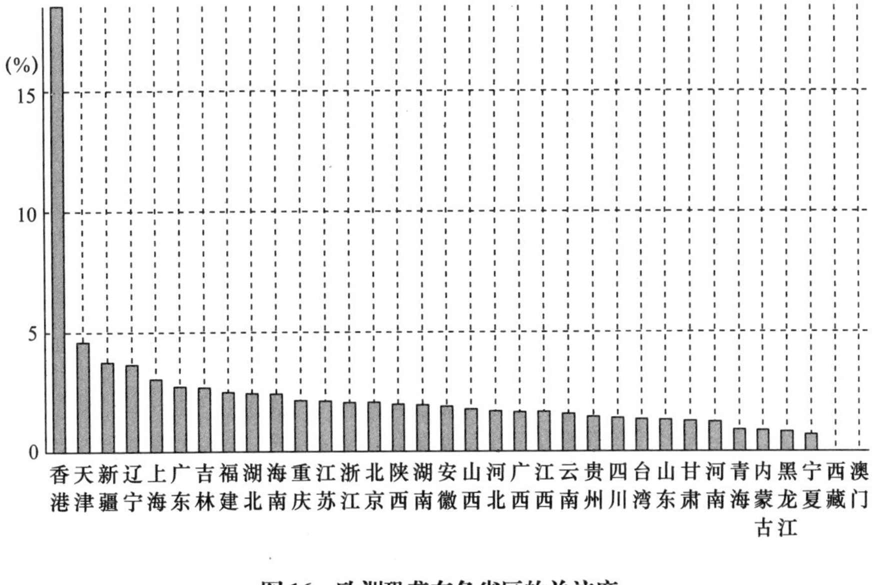

图 16　欧洲恐袭在各省区的关注度

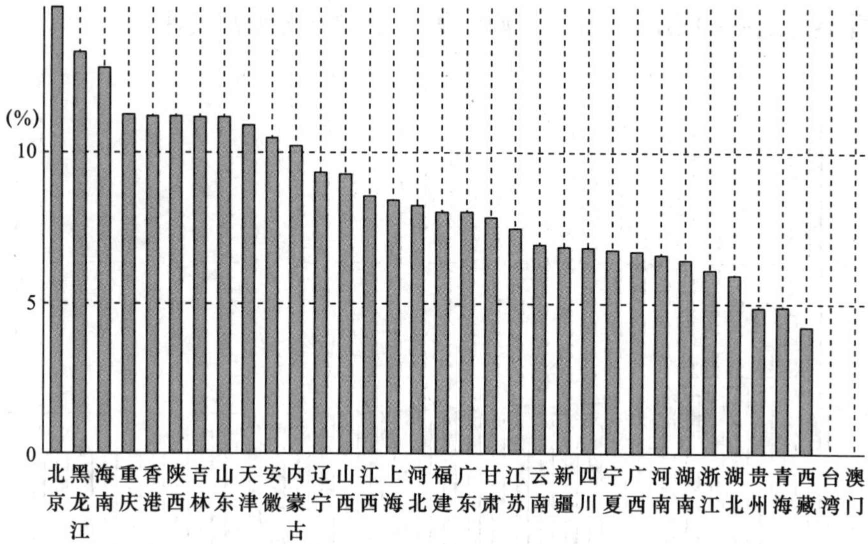

图 17 于欢案在各省区的关注度

（三）话题与社会型、政治型事件

如图 18 所示，在话题区块中，人们最关心的是明星话题，且关注率远超其他话题。具有较强政治倾向的话题其关注度相差无几，关注度最高的是萨德事件。而体育、游戏等话题则相对小众一些。

在社会型事件中，人们对于于欢案与丽江打人案的关注度相当高，其次对于反韩反乐天也有一定的关注。其余四个事件——天津大妈案、周立波案、APA 事件与穿山甲事件——则具有差不多的关注度。

在政治型事件中，人们对于特朗普就任给予了很高的关注度，甚至其热度仅次于明星话题；其余事件关注度由高到低依次为：反腐败事件、总书记改革政策、欧洲恐袭、全国两会。

1. 性别——各类话题、事件

女性在明星话题上的关注度远高于男性，可能是因为女性整体

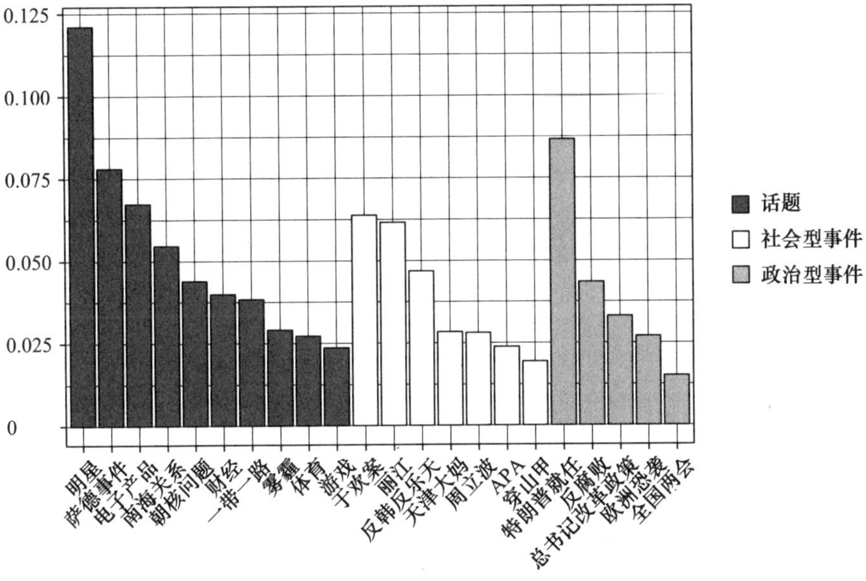

图 18　话题、事件关注度

而言更倾向于阅读轻松的话题。在萨德事件上男女双方的关注度差不多，而在其他话题上女性关注度都略低于男性（见图 19）。

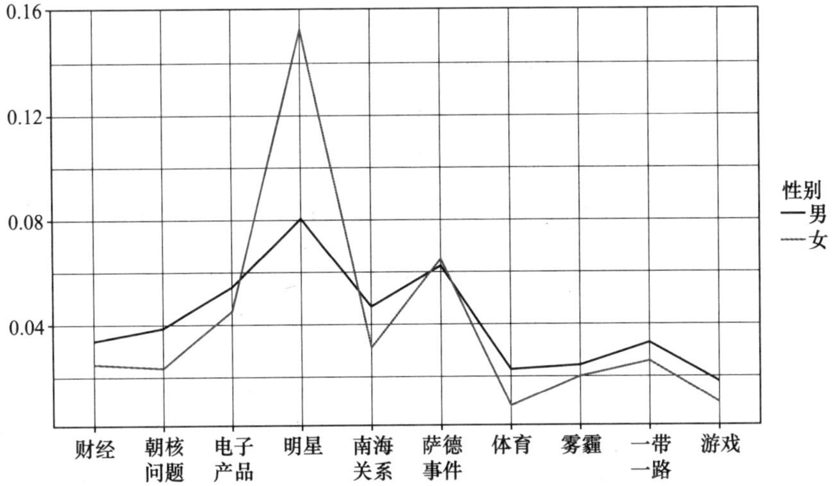

图 19　不同性别对于十大话题的关注度

女性在丽江事件、于欢案、周立波案的关注度较男性高，可能是因为前两案的受害者皆为女性，而周立波则作为娱乐人物更受女性关注。在反韩反乐天事件中，不同性别的关注度相差不大。男性在穿山甲事件、天津大妈事件以及 APA 酒店事件上关注度高于女性，可能是因为这几个事件牵涉到更严肃的腐败问题、法律问题以及民族情绪（见图 20）。

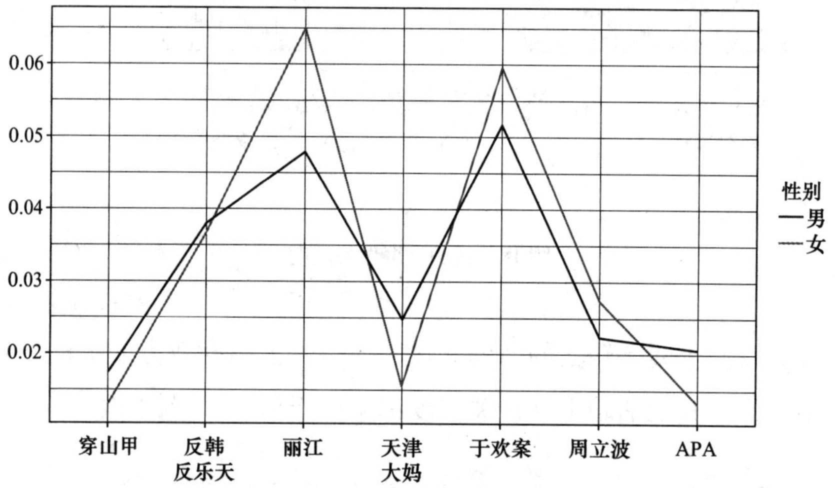

图 20　不同性别对于社会型事件的关注度

男性对于政治型事件的关注度普遍略高于女性。但不同性别整体关注比例相似，对于特朗普事件的关注度都高于他们对于其他事件的关注度，而对于两会的关注度最低（见图 21）。

2. 年龄——各类话题、事件

不同年龄段对于十大话题的趋势大致相似，对明星话题、萨德事件都有较高的关注度。而其中，以中青年（21—40 岁）的关注度为高，21—30 岁的用户群对于明星话题的关注度远超其他群体，而在财经话题上，31—40 岁的用户群体的关注度则略高于 21—30

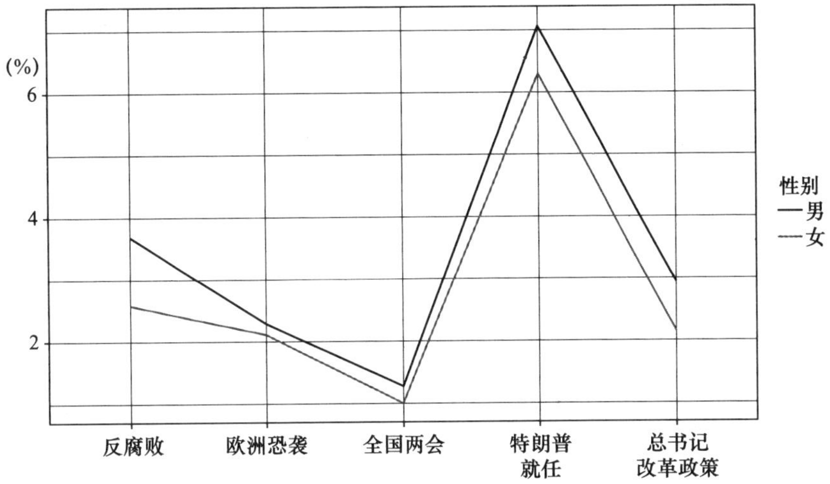

图 21　不同性别对于政治型事件的关注度

岁群体。可以看出中青年作为最多持有智能手机的群体、以及社会主要消费力，在注意力经济中有着突出地位。

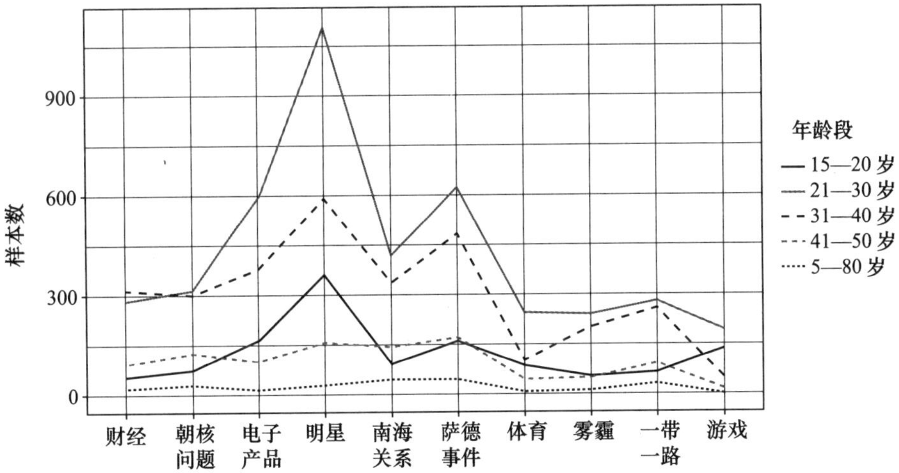

图 22　不同年龄段对于十大话题的关注度

图 23 显示用户群的高关注度依旧集中于中青年（21—40 岁）

群体，但所有群体对于不同事件的关注度趋势大致类似，对于反韩反乐天事件、丽江事件和于欢案的关注度都较高。

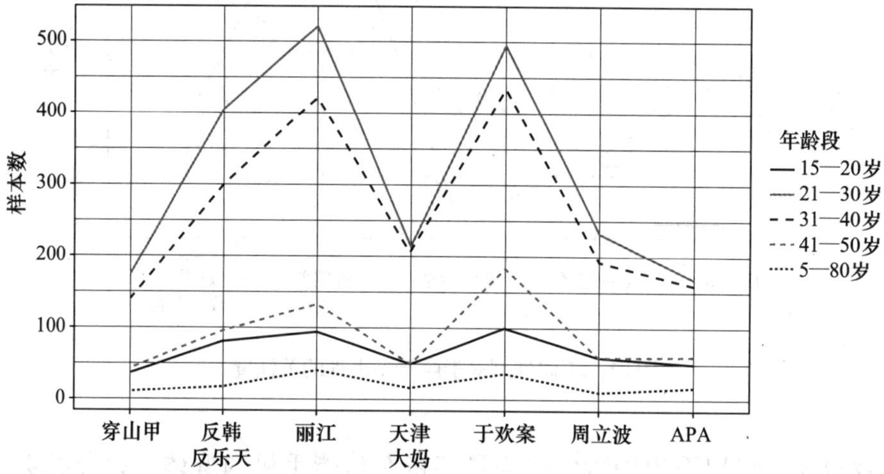

图 23 不同年龄段对于社会型事件的关注度

图 24 为我们展示了不同年龄段之间的关注趋势都类似，在特朗普就任事件上表现出高关注度，且以中青年的关注度最高。

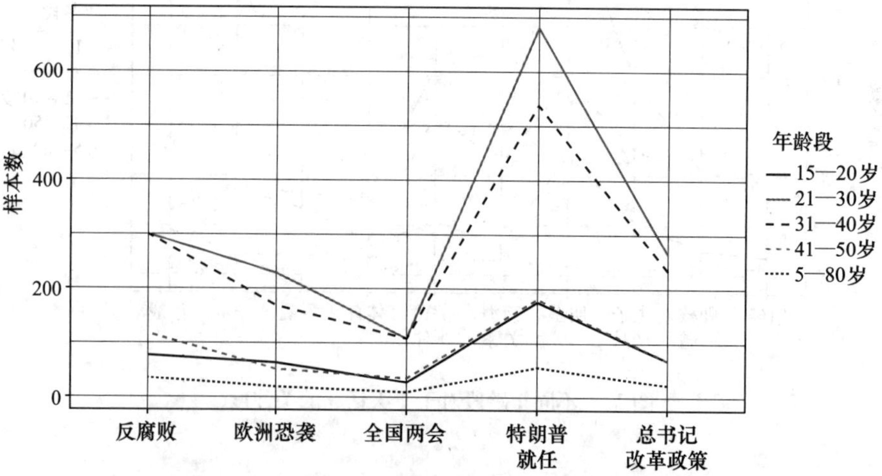

图 24 不同年龄段对于政治型事件的关注度

四 个体的阅读路径依赖及新闻事件吸引力

个体的行为特征总是存在特定的路径依赖模式。在新闻阅读中，有理由假设用户存在明显的新闻阅读类型偏好性，同时在现代大数据相关技术的支撑下，新闻阅读客户端及后台也会经由用户偏好建模向用户推荐相关的文本，从而进一步强化了这种路径依赖模式。与此相反，特定的事件爆发，则会对用户产生一定的吸引力，从而在某种程度上偏离其原有的行为模式。本研究试图在控制用户新闻阅读偏好的基础上，来考察各类热点事件对用户的净吸引力。本分析将采用巴茨所提出的相关事件分析框架（Butts，2008），即将用户阅读某类热点新闻的发生概率表示为条件依赖于其过去的阅读史。

在此进入模型分析的数据 N 共有用户 4996 位，评论总条数 M291959 条，FE 模型是一个基础模型，是以第一个事件为截距做出的固定效应模型。P 指的是在 A 事件之后继续评论 A 事件的概率模型，例如运用该模型可以计算出评论完明星话题之后继续评论明星话题的概率，即对话题的持续关注。INTER 则指的是在讨论完事件 A 之后，又讨论了其他事件再转回事件 A 的讨论的概率模型，例如讨论完明星话题之后讨论了其他话题，继而重新讨论明星话题的概率，即对于话题的黏度。

另外，在表 2 中，BIC 表示模型的拟合程度，BIC 的值越小，则表示模型的拟合程度越好。

表2 模型拟合结果比较

N	4996
M	291959
FE	BIC：310269.7
FE + P	BIC：260200
FE + P + INTER	BIC：259164.5

在表3和表4中，系数post. mode表示利用贝叶斯后验估计得出的事件概率系数，其正值越大表示发生的可能性越高，即对该类新闻阅读的路径依赖程度越高；负值越小表示发生的可能性越低；Pr值则表示系数的显著性，*** 表示p值小于0.001，** 表示p值小于0.01，* 表示p值小于0.05，. 表示p值小于0.1，为空则表示该系数不显著。表3中已省略了固定效应模型中的结果。可以看到，全部话题在持续性模型中系数全部为正，由此可以判断，人们在评论事件时整体上具有很强的持续性，其中对于“于欢案”及“全国两会”新闻具有最高的持续性关注度。

表3 FE + P模型，用户对于热点事件的持续性关注程度

热点事件	post. mode	Pr
全国两会—全国两会	4.250440114	***
总书记改革政策—总书记改革政策	3.601005737	***
反腐败—反腐败	3.062272077	***
一带一路—一带一路	3.278123223	***
南海关系—南海关系	2.739679752	***
朝核问题—朝核问题	3.340337978	***
萨德事件—萨德事件	2.871941326	***
反韩反乐天—反韩反乐天	3.333557162	***
特朗普就任—特朗普就任	2.446406723	***

续表

item	post. mode	Pr
欧洲恐袭—欧洲恐袭	3. 252394288	***
于欢案—于欢案	4. 561987695	***

显著性检验值：0 ‘ *** ’ 0. 001 ‘ ** ’ 0. 01 ‘ * ’ 0. 05 ‘. ’ 0. 1 ‘ ’ 1。

我们使用“A—B—A”模式来表达用户对热点事件新闻的黏度，即用户在阅读及评论了 A 类型的新闻之后，转向别的新闻话题，最后再重回 A 类型新闻的概率。由表 4 的结果我们可以看出，新闻黏度最高的为“全国两会”及“于欢案”，其发生比分别为 3. 69 及 3. 49，国际相关的热点事件相对来说，黏度最低，特别是欧洲恐袭类新闻，其发生比仅为 -5. 66。

表 4　　FE + P + INTER 模型，用户对于热点事件的黏度

热点事件	post. mode	Pr
全国两会—其他新闻—全国两会	3. 693044	***
总书记改革政策—其他新闻—总书记改革政策	1. 269577	*
反腐败—其他新闻—反腐败	1. 540571	***
一带一路—其他新闻——带一路	1. 953023	***
南海关系—其他新闻—南海关系	1. 532912	***
朝核问题—其他新闻—朝核问题	2. 174234	***
萨德事件—其他新闻—萨德事件	2. 238397	***
反韩反乐天—其他新闻—反韩反乐天	2. 194957	***
特朗普就任—其他新闻—特朗普就任	1. 701011	***
欧洲恐袭—其他新闻—欧洲恐袭	-5. 655962	
于欢案—其他新闻—于欢案	3. 494972	***

显著性检验值：0 ‘ *** ’ 0. 001 ‘ ** ’ 0. 01 ‘ * ’ 0. 05 ‘. ’ 0. 1 ‘ ’ 1。

参考文献

Blei, David M. , Andrew Y. Ng and Michael I. Jordan, 2003, "Latent Dirichlet Allocation", *The Journal of Machine Learning Research* 3: 993 - 1022.

Butts, Carter T. , 2008, A Relational Event Framework for Social Action", *Sociological Methodology* 38 (1): 155 - 200.

2017年网络热词趋势特点及背后的网民心态分析

曹燕妮*

网络热词通常是指由对于某个网络热点事件的描述或评论概括、凝练而来，并且在此后的网络信息发布和交换场景中使用频率较高的词汇。网络热词具有强烈的互动性，是网民通过网络平台交流信息、表达意见的重要手段，往往也反映了广大网民在社会生活中所普遍关注的焦点问题。此外，网络热词还具有较强的时代性，某一时期的热词较此前一个时期往往会发生较大变化。因此，年度热词趋势特点分析总结，对于研究网民心态变化具有积极意义。

腾讯指数基于国内主要网站、论坛、微博，以及微信公众号和QQ空间公开场景数据，对2017年度热词进行监测分析。结果显示，除“尬”“厉害了”“怼”“打call”等形形色色被网民群体特别是年轻网民广泛应用的网络表达之外，党政方针、国防外交、经济金融、社会民生、科技文化等多个领域也涌现出“十九

* 曹燕妮，腾讯公司政务舆情部研究员。

大”“改革”“代购”“旅游”“互联网+”等诸多广为传播的网络热词，体现了网民对于重大政治活动、议题，重要经济趋势、政策，社会民生领域存在的关键问题，以及科技文化涌现出的新技术、新作品的积极关注，也折射出民众对于国家在党和政府的治理、管理下日渐繁荣昌盛的坚定信心和美好祝愿，对于消费需求得到更好满足、生老病医得到更好保障、科技成果更好地造福生活的热切期待。

一 网络表达

（一）网络表达类热词花样繁多，正向、中性热词占比突出表明社会心态稳中向好

网络表达流行语日益成为互联网时代网民群体话语体系构建的突出表现与实现路径，通过网络表达流行语可以直接窥探出网民群体的情绪状态，进而透视出整个社会心态的趋向特征。2017年以来，网络表达类流行语数量繁多、类型多样，创造和引领互联网新表达、新传播。腾讯指数大数据显示，在2017年最热网络表达类热门词汇中，“尬”“厉害了”“正能量”分别居前三位，年度传播次数分别为6亿、5.5亿和3.8亿次；“套路”“怼”“打call”“油腻”等紧随其后，传播总量均突破1亿次；“比心”“freestyle”等词的传播总量也分别达7000万次和6000千万次。一方面，从网络表达类热词规模量级来看，前十热词中有七个传播次数过亿，足见相关热词在网民群体中传播和应用之广。另一方面，从网络表达类热词词性分布来看，“厉害了”“正能量”“打call”“比心”等热词传递积极正向情绪，整体词性偏褒义；“尬”“套路”“freestyle”“戏精”等热词以娱乐调侃意味为主，

整体词性偏中性；仅“怼”“油腻”词性略带贬义，但如《美国拒承认中国市场经济地位　外交部这样“怼”回去》等贬义词褒用的情况并不在少数，“油腻”的使用场景也以网民自我调侃居多，且正面、中性热词数量、量级均更为显著突出，表明网民群体的社会心态整体上稳中向好。

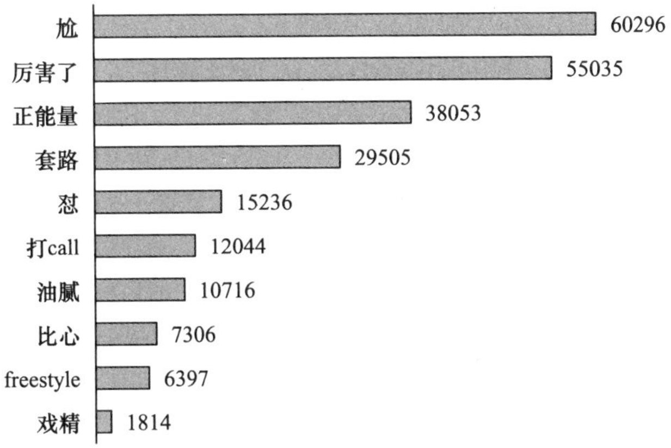

图 1　2017 年表达类网络热词 TOP10（单位：万次）

（二）民间网络表达与官方宣传话语对接融合，网民群体爱国情怀释放和表达更加鲜明

网络表达类热词更多肇始和流行于网民群体之间，2017 年以来，民间网络表达习惯及热词同官方宣传话语对接融合趋势愈发显著，其背后原因一方面得益于官方宣传表达更加贴近群众、接地气、汇网气，另一方面也说明广大民众参与官方宣传话题的积极性提高和认可度增强。2017 年以来，网络表达类流行语被网民群体广泛应用于时政类话题讨论互动中，并引发广泛传播，传递出正能量，日益成为网民群体更具特色、更加鲜明的爱国情怀释放和表达方式。例如，“厉害了我的国”“厉害了我的党”“为十九大打 call”

“为习总书记打 call”等表述见诸相关时事政治类新闻跟帖评论环节，引发网民群体争相效仿和支持点赞。腾讯指数大数据显示，仅 2017 年第四季度，“厉害了我的国”一词公开场景信息传播总量即超过 403 万次。

二 党政方针

（一）党政方针领域中党的十九大相关热词占比最多，折射网民对此次关键会议的高度聚焦

党的第十九次全国代表大会是在全面建成小康社会关键阶段、中国特色社会主义发展关键时期召开的一次十分重要的会议，对鼓舞和动员全党、全国各族人民继续推进全面建成小康社会、坚持和发展中国特色社会主义具有重大意义，腾讯指数大数据监测显示，2017 年网络传播热度最高的党政方针类十大热词中，也以“十九大”居首，传播总量 3.5 亿次，远高于其他同类热词。此外，习近平总书记在党的十九大报告中再次强调 2016 年庆祝中国共产党成立 95 周年大会上提出的“不忘初心”，作出“我国社会主要矛盾已发生变化”的重要论断，以及大会通过将“习近平新时代中国特色社会主义思想”写入党章的重要决议等，均引发舆论高度关注，“不忘初心”“新时代中国特色社会主义思想”“主要矛盾”三词的年度传播次数分别为 9543 万、392 万和 338 万，分列热度排行第二、八、九位。

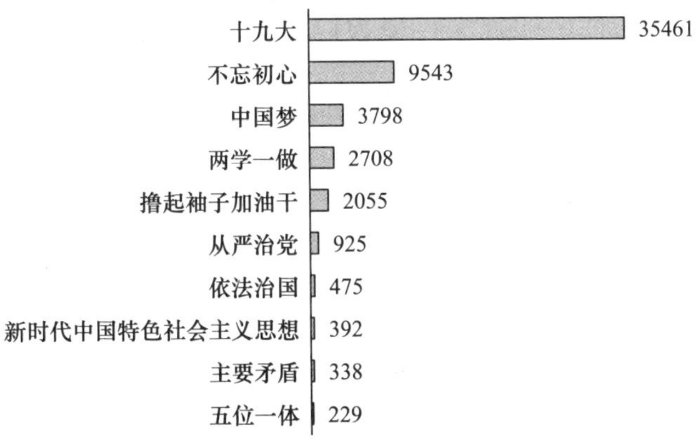

图 2　2017 年党政方针类网络热词 TOP10（单位：万次）

（二）习近平治党治国重大理念受到舆论持续关注，“撸起袖子加油干”等金句也广泛传播

除党的十九大报告提出的新思想、新论断以及党的十九大会议作出的新决议之外，“中国梦”“从严治党”“依法治国”“五位一体”等习近平总书记此前提出的治党治国重大目标、原则、规划等，在 2017 年仍吸引舆论持续聚焦，传播总次数分别为 3798 万、925 万、475 万和 229 万。其中，习近平总书记 2012 年 11 月参观“复兴之路”展览时首次提出的重要指导思想和执政理念——“中国梦”，随着党的十九大会议的召开再度引发舆论热议。此外，自 2016 年 2 月起开展的“两学一做”学习教育活动，也在 2017 年建党 96 周年前夕掀起新一波传播热潮。这在一定程度上反映出网民对以习近平总书记为代表的党和国家领导集体执政理念和成果的支持认可。与此同时，以“撸起袖子加油干”为代表的习式金句也广为传播，如：在新浪微博、微信公众平台等以网民自发传播为主的社交平台，该词全年传播次数分别为 13 万、24 万；在以青少年用户为主的 QQ 空间等平台，该词全年传播总次数近 40 万，体现出

“接地气”政治话语的强大传播力以及网民对习近平总书记个人的拥护爱戴。

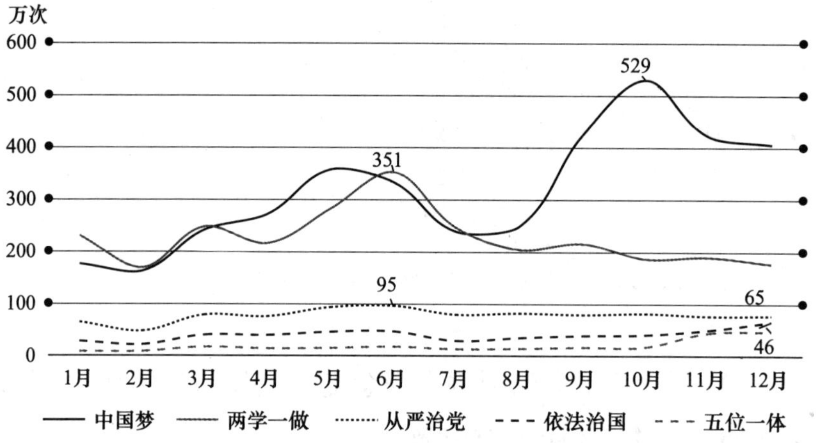

图 3　部分党政方针类热词全年热度趋势

三　国防外交

（一）萨德入韩、中印对峙及半岛局势使网民爱国情绪升温，国家主权及安全备受关注

今年以来，我国周边局势颇不平静。2 月以来，韩国不顾中国反对将萨德反导系统部署在星州基地，对我国军事安全造成一定威胁；6 月底，中方在洞朗地区进行道路施工时遭到印军越线阻拦，随后双方军队对峙数月，中印边境局势紧张；此外，朝鲜在核武问题上的一意孤行，以及美朝对抗的不断升级，也将中国置于战争危险当中。上述事件均引发舆论热切关注，激发起网民强烈爱国情绪以及对于国家安全问题的高度重视，纷纷对韩国、印度、朝鲜和美国的行为表示抗议和谴责，并且提出加强国家安全工作，尤其是军

队建设，使得“萨德”“中印”“半岛局势”“国家安全”“强军”等，均成为国防外交领域热词。腾讯指数大数据监测结果显示，上述热词年度传播次数分别为 6354 万、5500 万、1664 万、550 万和 284 万。

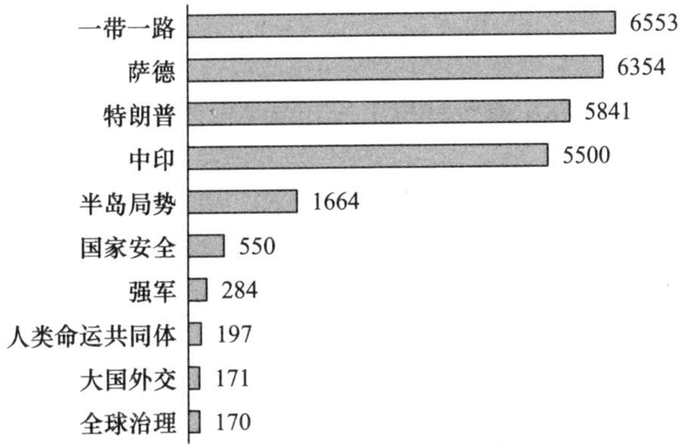

图4 2017 年国防外交类网络热词 TOP10（单位：万次）

（二）重要外交战略、理念及活动备受网民关注，希冀大国外交、和平外交带来实际利好

除周边局势及矛盾冲突外，习近平主席提出的重大外交战略、外交理念，“一带一路”国际合作高峰论坛、金砖国家领导人第九次会晤等重大主场外交活动，中美国家领导人互访等重要双边关系维护活动，以及习近平主席其他出访活动等，均受到舆论积极关注。腾讯指数大数据监测显示，“一带一路”这一重大倡议和“人类命运共同体”“全球治理”等外交理念均成为国防外交领域热词，由于中美关系的特殊性和重要性，美国新任总统特朗普也成为网民关注热议的重点对象。网民对于我国外交活动总体持支持认可态度，“大国外交”一词的热传，即从侧面反映了民众对于中国国际影响力日益提升的自信和自豪。除此之外，“利好”也是网民对

于外交活动的核心关注价值点。以网民对“一带一路”主要观点为例，多数网民虽看法不同，但均看重国家及民众个人能否从“一带一路”中实际受益。国防外交领域距离民众生活较远，因而热词传播度低于其他各领域，也从侧面反映出网民关注较为“务实”的特点。

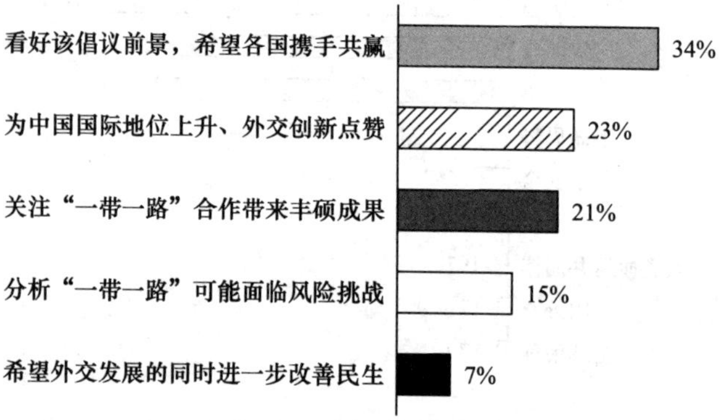

图5 “一带一路”网民观点分布

四 经济金融

（一）“代购”“消费升级”“移动支付”等热词流行，反映出网民美好生活需要日益增长

当前，我国经济总量稳居世界第二，社会生产力水平显著提高，社会生产能力在很多方面进入世界前列，因此，社会主要矛盾也发生相应变化，转化为人民日益增长的美好生活需要和不平衡不充分的发展之间的矛盾，这一点在2017年经济金融领域热词排行中也有所体现。“代购”“消费升级”“移动支付”等词的热传，均反映出网民对于如何消费的积极关注，其中“代购”一词的传播总量为3.1亿次，热度约为位居第二的“改革”2.7倍，

足见国内当前生产水平和生产结构尚不能较好满足民众日益多元化、精细化的消费需求，使得部分网民转而通过“代购”方式实现。另一方面，“电商”“中国制造”“新零售”“共享经济”等词分别以近1.1亿、2504万、2153万和786万的传播次数跻身热榜前十，也反映出舆论对于如何更好地满足民众消费需求的方式和路径的探讨。

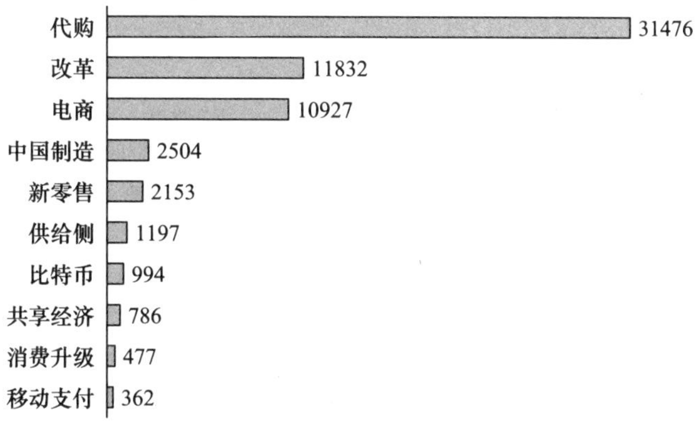

图6 2017年经济金融类网络热词TOP10（单位：万）

（二）“改革”成为热词折射网民殷切期待，经济改革方向、措施、领域等均成为关注重点

目前中国经济进入增速放缓、结构优化、创新驱动的新常态时期，“改革”“供给侧”等词的热传热议，同样体现了舆论对于通过包括供给侧改革在内的各种改革手段化解当前社会主要矛盾、促进中国经济实现新发展的殷切期待。如：腾讯指数大数据显示，在网民围绕经济改革展开的相关讨论中，提及最多的是结构性改革，占比约为45%，供给侧改革成为主要调整方向；其次，诸多网民提及经济体制和制度改革，合计次数占比约为

35.4%，希望相关改革能更好地适应和推动生产力发展，建议政府继续做好简政放权工作，充分发挥出市场在资源配置等方面的决定性作用。同时，国企、金融和财税等领域的改革进展和具体措施，也成为网民关注重点。此外，网民对农村地区经济改革情况也甚为关心，多数对于当前正在稳步推进农村集体产权制度改革支持点赞，希望采取更多改革举措，进一步缩小城乡差距、加快农村人口脱贫步伐。

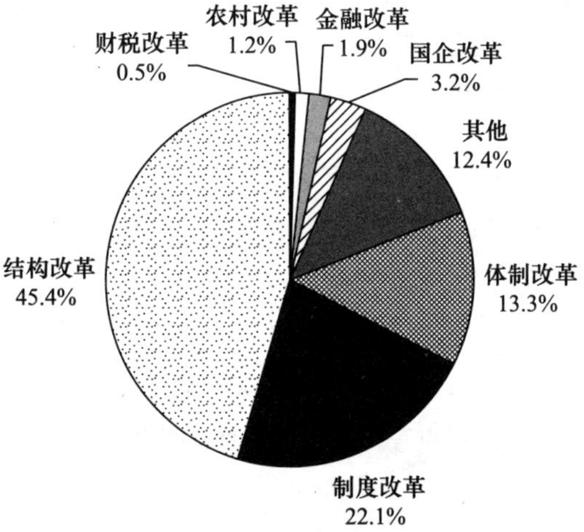

图7 网民经济改革相关讨论热词占比情况

五 社会民生

（一）“旅游”“健身”“环保”等热词高居前列，网民群体“中产阶级”意识进一步提升

习近平总书记在党的十九大报告中指出，中国特色社会主义进入新时代，我国社会主要矛盾已经转化为人民日益增长的美好生活需要和不平衡不充分的发展之间的矛盾。改革开放以来，随着我们

经济社会高速发展，广大人民群众的物质生活水平已达到较高水平，社会的“中产阶级”群体不断发展壮大，“中产阶级”意识进一步显现与提升，集中具体表现在对精神文化等更高层次的需求更加多元和强烈。腾讯指数大数据监测显示，“旅游”“健身”“环保”等成为 2017 年以来社会民生领域内最热词汇，三者分居前三位，年度传播次数分别为 5.6 亿、3.2 亿和 3.2 亿，直观反映出网民群体追求生活品质、精神需求的愿望强烈，对美好生活充满期许和诉求。与此同时，网民群体直接提及和讨论“中产阶级”“中产阶层”等相关话题的频次更高，2017 年仅“中产阶级”一词在网络舆论中被提及次数即达到 789 万，也折射出网民群体的“中产阶级”意识不断显现与提升。

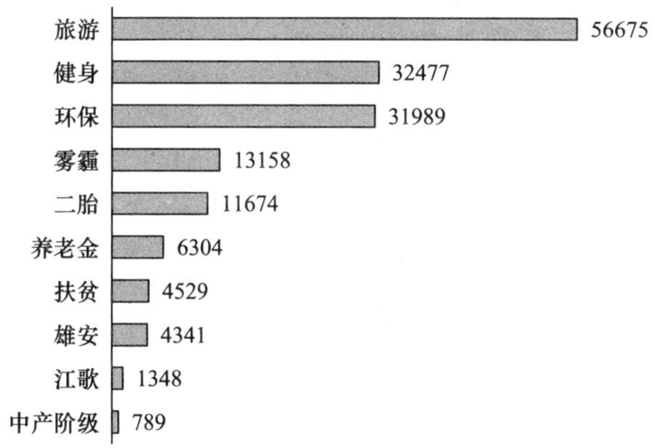

图8　2017 年社会民生类网络热词 TOP10（单位：万次）

（二）网民同理心强化群体焦虑感，集中于“二孩”“养老”“住房”等部分领域话题

网民群体对美好生活充满向往的同时，也对部分现实民生问题较为关注，在同理心、代入感等社会心理效应相互作用和影响下，

群体焦虑感也有所放大。一方面，2017 年社会民生领域内网络热词前十位中，“雾霾”“二胎”“养老金”等词汇提及次数分别为 1.3 亿、1.2 亿和 0.6 亿，直接反映出网民群体对空气污染、生育养老等现实问题的焦点关注。另一方面，“扶贫”一词年度传播总次数近 0.5 亿，在网民群体提及讨论中也多被指代为自身系需要被“扶贫”的对象，也折射出网民群体对“收入增长”的迫切期待。此外，涉房地产、住房需求等话题的词汇虽未入围社会民生类网络热词前十位，但相关词汇呈现“量多集中”的特征，“房产税”“房子是用来住的”“共有产权”“租购同权”等词汇均引发广泛传播，全年传播次数分别为 771 万、408 万、141 万和 42 万，突出反映了网民群体对房地产市场发展情况的高度敏感，对住房需求满足的焦虑与渴求。

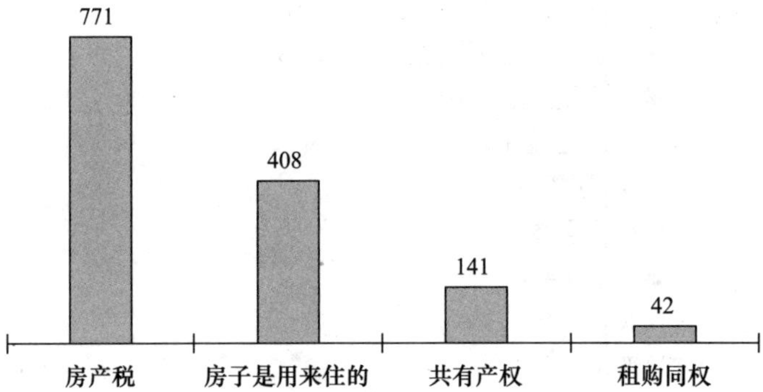

图 9 2017 年涉房地产领域网络热词情况（单位：万次）

六 科技文化

（一）互联网新技术新应用新文化迅猛发展、加速迭代，引发网民群体热烈关注追捧

近年来，以互联网为代表的新技术新应用层出不穷、迭代迅速，同时与现实生活的连接与融合愈发密切深入。在此大背景下，原本相对“专业”“高冷”的科技领域话题日渐大众化、显性化，成为社会舆论广泛关注和热衷讨论的热点话题领域。腾讯指数大数据显示，2017 年以来科技文化领域热门词汇中，以“互联网 +”“大数据”“人工智能”“小程序”“虚拟现实”“区块链”等为代表的科技应用类词汇入围前十位，年度传播次数分别达到 2.3 亿、6780 万、3971 万、2004 万、547 万和 493 万。从前十热词分布领域来看，均为互联网新技术、新应用相关词汇，体现出网民群体对互联网技术与应用创新广泛关注与热烈追捧。社会大众不仅切身实际感受到互联网带来的便利快捷，同时也对我国在互联网技术发展与创新处于国际领先流露出自豪之情，对实现“网络强国”目标充满信心。与此同时，科技创新与文化创意交融互促，借助互联网传播与社交优势，《人民的名义》《战狼2》等引发刷屏式传播，相关信息传播总次数分别达 6790 万和 2270 万，成为现象级影视文化剧作，既为互联网平台提供了优质内容和传播热点，同时也对互联网时代文化内容创作形成诸多经验启示。

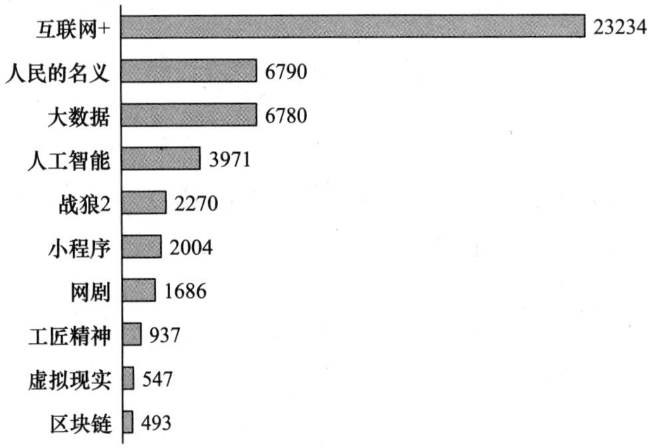

图10　2017年科技文化类网络热词TOP10（单位：万次）

（二）网民期待新技术、新应用的同时，也对其不确定性和潜在隐患表现出一定担忧

面对不断涌现、加速迭代的各类新技术新应用，网民群体所秉持的态度立场虽以支持认可等正面肯定占据绝对主流，但与此同时，担心忧虑、质疑争论等态度倾向亦占据一定比例。腾讯指数大数据显示，网民群体在对待“人工智能”“大数据”“虚拟现实”等前沿技术的态度倾向具体表现为：正面及中性倾向合计占比近八成，其中支持认可的比例为63%，好奇围观的占比为15%，此类观点多认为技术创新与发展将进一步促进社会发展、便捷民众生活，并积极转发和分享各类新技术介绍与应用进展等相关信息。另有12%的网民认为各类新技术、新应用非实质性创新而是包装概念炒作，或对技术落地应用、大范围推广等持审慎态度；10%的网民对于利用新技术新应用作恶、数据及信息泄露、机器技术取代人工等各类不确定性及潜在隐患表示担忧。

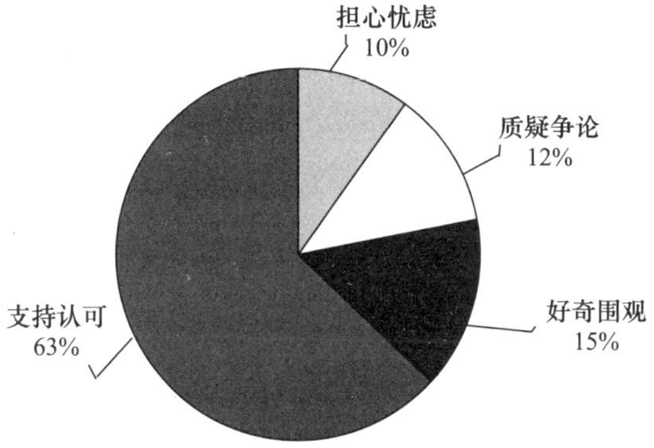

图11　网民群体对前沿科技应用态度分布

中篇

案例篇

2017 年微信平台政府类公众号盘点分析

钟杏梅　戎飞腾*

当前舆论生态中，政务新媒体是与新闻媒体、网民群体同等重要的舆论主体，对调节舆论生态环境起着至关重要的作用。自 2012 年微信公众平台推出以来，历经五年发展，政府类微信公众号的队伍不断壮大、运营模式趋于成熟，成为微信舆论生态中的重要一员。

对于 9.8 亿微信用户来说，政务微信公众号搭建起了沟通的桥梁，承担着政策解读、沟通民意、服务百姓等多重功能，同时还在重大舆情事件中发挥着信息公开、回应质疑、澄清误解等作用。2017 年，政府类微信公众号发展最突出的趋势是从信息公开向便民服务的转型，如依托政务微信公众号发展演变而来的智慧交通解决方案（刷二维码乘公交、地铁）、移动互联全业务生态平台"微法院"等创新型应用受到舆论广泛好评。

腾讯指数团队 2017 年前三季度监测文章推送次数在 50 次以

* 钟杏梅、戎飞腾，腾讯公司政务舆情部研究员。

上，且篇均阅读量达到500次以上的政府类认证微信公众号超过1500个①，以下报告以1672个活跃样本为研究对象，解析政务微信的发展现状与传播效果。

一 政务微信平台作用凸显

目前，微信成为国内用户最多、使用时间最长的手机移动应用。微信公众号平台也成为互联网内容生产的重要一环。对于政府，微信的平台作用愈发凸显。

（一）信息平台：微信信息获取功能进一步完善

随着微信“看一看”“搜一搜”等功能陆续推出，用户获取微信公众号内容的渠道更加多元。除了从自身关注的公众号定向获取信息外，用户不仅可以从“看一看”里获得系统根据个人阅读兴趣自动推荐的内容，还可以通过“搜一搜”功能主动搜索发现网络公开信息。多元化信息获取手段丰富覆盖了广泛的受众需求，同时也为政务微信公众号内容传播提供了更多渠道，相当于为政府部门信息发布提供了新平台。

（二）传播平台：微信正能量传播效果愈发显著

微信公众号平台上，政府类微信公众号、媒体类公众号等各类舆论主体在正能量传播方面形成了稳固矩阵。在对党和国家重要活动的宣传报道、对政策法规的宣介解读、对热点舆情事件的深度分析等方面，各类公众号都自发形成“组合拳”，传播效果非常显著。

---

① 该样本数量仅作为本次报告抽样说明，不代表微信产品官方数据。

这一点在党的十九大期间表现最为明显，权威媒体各种形式的报道都成为政府类公众号的转载对象，扩大了传播范围、加深了公众印象。

（三）服务平台：微信服务型应用创新潜力无限

2017 年，政务新媒体“双微 N 端”格局愈加成熟，政务微博和政务微信发展趋于成熟的同时，今日头条、一点资讯、企鹅自媒体、各类网络直播平台等政务号不断增多。在信息公开型政务新媒体面临增量“天花板”之时，基于微信公众平台的服务型应用不断涌现，成为政府部门推进信息化建设、业务管理移动互联网化的重要突破口。例如，多地公安交警微信公众号实现了交通罚款缴纳、实时路况查询等实用功能，类似江苏省高级人民法院推出的移动互联全业务生态平台“微法院”等都受到广泛好评。不难看出，服务平台作用不断凸显的微信或将成为撬动政府部门数字化转型之旅的最有效途径。

（四）沟通平台：微信用户活跃性高助力民意沟通

政务微信“一对多”式信息发布、便民服务等平台作用凸显的同时，也逐渐发展成为“一对一”的沟通交流平台。相比其他政务新媒体平台，微信半私密特性为广大群众通过政务微信与政府部门进行单独沟通创造了有利条件。在“一对一”的沟通交流平台上，政府部门可以更加快速地响应群众反映的问题，也大大降低了相关内容公开化可能带来的舆论风险。政务微信民意沟通平台的定位有效助力政府部门深入基层，了解群众所想，为推进各项工作筑起坚实的民意基础。

二　政务微信发展现状分析

（一）中央级政务号侧重信息发布，地方级服务属性强

微信公众平台账号主要包含服务号与订阅号两种类别，订阅号以信息发布功能为主，每天可推送一次全员消息；而服务号拥有更多功能接口，侧重功能性服务，每月仅可对同一粉丝推送 4 条消息。此次研究的 1672 个政府类认证公众号中，包含 1097 个订阅号，575 个服务号，订阅号与服务号数量比值约 1.9∶1。

按照公众号认证主体归属地信息，笔者将 1672 个政府类公众号（含服务号与订阅号）划分为中央和地方两个层级。统计结果显示，中央级政府类公众号 112 个，占比约 6.7%；地方级政府类公众号 1560 个，占比约 93.3%（见图 1）。

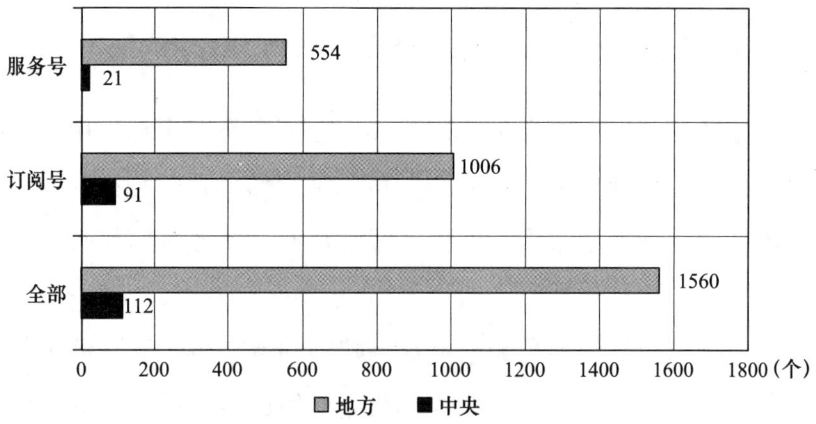

图 1　不同类别政务公众号的层级分布情况

其中，中央级政府类公众号主要职能为信息发布，在 112 个中

央级别的政府类公众号中有 91 个订阅号，占比超过 80%。地方级别的政府类公众号则兼具信息发布和政务服务的双重功能，服务号占比显著高于中央——在 1560 个地方级别的政府类公众号中，订阅号（1006 个）占比 64.5%，服务号（554 个）占比 35.5%。

（二）政务订阅号活跃度较高，但推送文章原创率偏低

基于微信平台的政务新媒体，承担着信息发布、互动服务等职能，其长效运营的活跃度也直接反映政务微信的健康程度。

同样以 1097 个政府类订阅号为样本，笔者对其发文情况进行统计分析。分析结果显示，2017 年前三个季度平均每个政府类订阅号累计推送文章 695 篇，日均 2.5 篇。从文章推送数量及频率来看，政府类订阅号整体活跃度较高。

然而，从衡量政务订阅号活跃程度的另一个重要指标——推送文章的原创率（原创文章篇数/总文章篇数）来看，1097 个政府类订阅号 2017 年前三季度所有推送文章的原创率为 5.6%。与之相比，同期媒体类订阅号的整体原创率约 10.8%。此外，在这 1097 个订阅号中，有 414 个账号从未推送过原创文章或未开通原创功能，占比约 37.7%。这反映出，政府类订阅号的文章原创率仍处于较低水平。

（三）2017 年前三季度政务微信触达网民超 50 亿人次

从整个微信平台来看，政务微信在信息传播方面效果显著。笔者对 1097 个政府类订阅号 2017 年前三季度的累计阅读量进行统计分析（注：10 万以上阅读量无精确阅读量，仅按 10 万计算）。

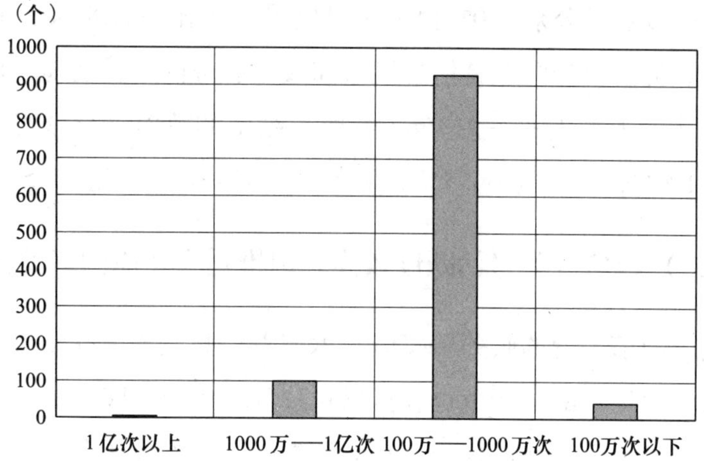

图2 主要政府类订阅号文章累计阅读量分布情况

分析结果显示，1097个政府类订阅号2017年前三季度累计阅读量达到49.2亿次。由于微信公众号平台文章阅读量统计对同一账号多次阅读仅按一次计算，可理解为这1097个政府类订阅号触达网民约50亿人次。其中，86.3%的政府类订阅号（926个）于2017年前三季度累计阅读量在100万—1000万次（见图2）。

（四）政务订阅号单篇阅读量较高，头部积聚效应明显

结合推送文章数量，我们对这1097个政府类订阅号所推送文章的阅读情况作了进一步分析。这1097个政府类订阅号平均每篇阅读量超过6000次。此外，85.2%的政府类订阅号篇均阅读量在1000次以上，其中1000—5000次是最主要的分布区间，占比将近一半（见图3）。

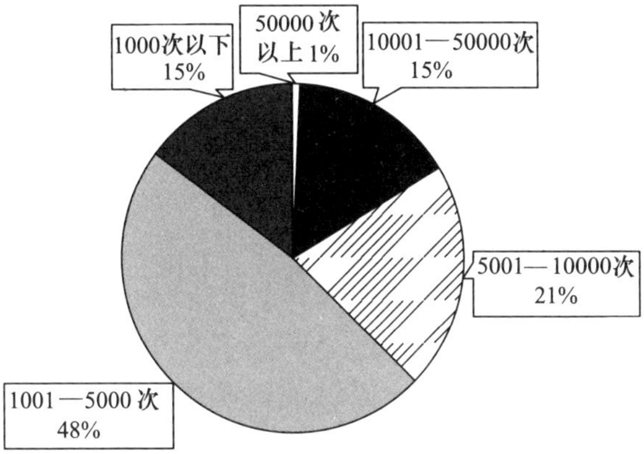

图3　主要政府类订阅号文章篇均阅读量分布情况

此外，针对阅读量达到 10 万次以上的文章数量统计显示，1097 个政府类订阅号于 2017 年前三季度累计产生了 8259 篇阅读量在 10 万次以上的文章；419 个政府类订阅号至少产生过一篇阅读量在 10 万次以上文章，占比 38.2%。

其中，共产党员（中共中央组织部党员教育和干部测评中心）、上海发布（上海市人民政府办公厅）、中国政府网（国务院办公厅政府信息公开办公室）三个政府类订阅号阅读量超过 10 万次的文章总数位列三甲。上述三个政府类订阅号阅读量超过 10 万次的文章总数达到 2428 篇，占 1097 个主要政府类订阅号总数的 29.4%，头部集聚效应明显。

三　政务微信传播效果

结合具体案例分析发现，政务微信在传播效果方面，主要呈现以下六方面特征：

（一）账号类型丰富构建多元内容生态

政务微信公众号类别繁多，涉及全国各地不同政府机关的各个业务部门，涵盖教育、卫生、税务、工商、安监、交管、宣传、公安、法院等各类公众订阅号和服务号。不同账号围绕自身业务范围发布相关内容，共同构建起政务微信的多元化内容生态，为广大受众全面了解政府部门各项工作提供了最便捷的渠道。例如，交警类政务微信发布的交通安全常识、道路交通管制信息，国土资源规划类政务微信发布的城市建设规划等信息，法院、检察院发布的法律法规司法解释解读等，均成为微信平台内容生态中的重要组成部分。

（二）工作内容创意式表达提升关注度

政务微信的传播内容以政府部门自身工作内容为主，但其在选材、表达方面的创新提升了网民对政务微信的关注度和好评度。例如公安类政务微信“苏州公安微警务”（认证为苏州市公安局），日常发布以案件查处、安全提示等为主，但是讲故事和起标题的能力大大提升了网民好感。例如《90后故意“霸占”两车道！网友的评论却一边倒！》一文，介绍了90后车主为帮助老奶奶过马路占用两个车道截住车流的故事，而交警处罚未礼让车辆、批评教育90后车主也引发网民点赞“执法为民，传递正能量”。此类将普通工作内容转化为创意故事的案例在政务微博运营中不胜枚举，塑造起“像人一样有温度”的政务微博形象，有效提升了传播效果。

（三）政策解读充分到位防止公众误读

在政策法规解读方面，政务微信的作用日益凸显。相比媒体，政务微信的解读更为直接、全面和深入，内容传播集合了文字、图片、音视频等多元手段，更适合用于政策法规的解读。以《北京城市总体规划（2016—2035年）》为例，“北京规划国土”（认证为北京市规划和国土资源管理委员会）持续发布相关解读文章引发较高关注，《一张图带你看懂北京城市总体规划（2016—2035年）》一文阅读量超过10万次。

（四）强化信息服务属性满足群众需求

政务微信运营不只停留在与网民互动这一层面，而是更进一步地通过为网民提供实用性强的服务性信息加强了与粉丝之间的联系。例如，交警类政务微信可提供路况查询、交通罚款缴纳等实用性功能，教育厅微信公众号则开通了高考成绩查询等功能，监狱微信为服刑人员家属提供查询刑期、监狱地址等功能。越来越多的政务微信不仅提供服务性信息，也逐渐将线下服务办理转型为微信办理。信息服务属性的强化满足了群众的实际需求，本土便民服务范围不断拓展则避免群众“办事跑断腿”，真正朝着“互联网+”政务的方向发展。

（五）突发事件舆论引导能力不断提升

在各类全国性舆情热点事件中，政务微信实时跟进事件最新进展、积极释放官方权威信息、多角度传递理性评论解读，引导社会舆论健康有序、平稳缓和。以李文星事件为例，传销话题成为舆论争论焦点，“平安天津”（认证为天津市公安局）从还原事件进程、跟进调查进展、反思问题原因、探讨解决之道等多个角度予以评论引导，并发布天津市政法委部署打击传销、识别传销骗局指南等信息，对引导舆论理性认知起到积极作用。

（六）加速融合发展壮大主流舆论影响

作为微信舆论生态的重要组成部分，政务微信不仅成为公众获取信息的重要渠道，也是政府便民服务数字化转型的重要一环。加速政务微信融合发展将有力促进主流舆论影响的壮大，为调节舆论生态增添一支生力军。同时，政务微信队伍的矩阵化融合发展也将带动政务数字化转型，真正提供切实便利。

微信平台党的十九大传播特征分析

曹燕妮*

党的十九大是在全面建成小康社会关键阶段、中国特色社会主义发展关键时期召开的一次十分重要的大会，会议提出的新思想、新论断、新提法、新举措为中国未来发展指明新方向、规划新蓝图，对鼓舞和动员全党全国各族人民继续推进全面建成小康社会、坚持和发展中国特色社会主义具有重大意义，吸引海内外各界高度聚焦。相关正能量宣传也创下诸多传播记录、收获广泛舆论关注。基于腾讯指数分析结果显示，本次微信平台党的十九大正能量宣传效果突出显著，舆论反响积极热烈。

一　微信平台党的十九大相关正能量话题吸引舆论广泛关注，热传热议贯穿整个会期

党的十九大期间，微信平台成为宣传正能量、弘扬主旋律的重

* 曹燕妮，腾讯公司政务舆情部研究员。

要场域，丰富多元的话题吸引舆论高度关注，媒体、自媒体及网民等各类参与主体积极参与、主动传播，使相关话题在整个会期始终保持较高的舆情热度。10 月 17 日至 25 日，微信公众平台涉党的十九大正能量文章总量超过 400 万篇。首先，开幕前夕及会议初期，正能量话题主要以“各地喜迎党的十九大系列活动”“与会代表事迹言论及活动”“盘点历届党代表大会成果”，以及“热烈庆祝党的十九大开幕”为主。其次，会议中期，“解读习近平工作报告亮点”热传热议党的十九大相关热词”等吸引舆论关注纷纷点赞，党的十九大正能量宣传视频及 H5 游戏等也获得网民踊跃观看、参与和分享。最后，随着会议逐渐接近尾声，“党的十九大报告释放民生红利”“各地积极学习党的十九大精神”等话题相关正面信息迅速增多，反映了民众对党的十九大会议成果高度认可，对于党领导下的中国特色社会主义建设满怀信心和期待。综合公众平台文章数量及阅读量来看，以“解读习近平工作报告亮点”话题热度（话题热度 = 相关文章篇数 × 阅读量）最高。

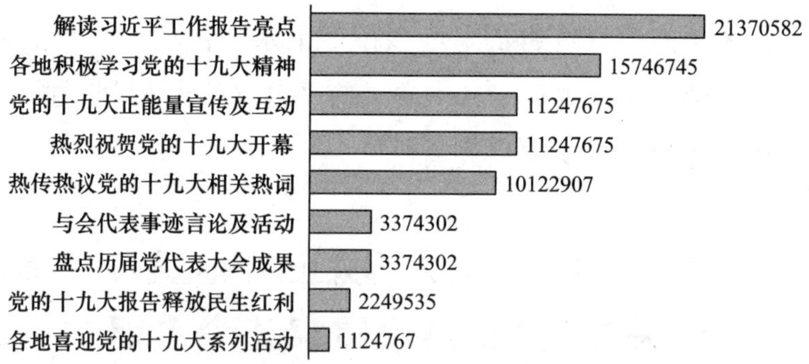

图 1　微信公众平台党的十九大相关正能量话题热度

二 微信公众平台热门文章中正能量宣传内容占比两成，媒体账号成为传播主力

微信公众平台拥有基础庞大的微信本身用户、数量众多的各类公众账号粉丝以及多元的群体等优势，成为党的十九大相关信息特别是原创内容传播的重要渠道。会议期间，在相关公众号文章中，阅读量突破10万次的文章达600多篇，除及时发布、转载会议信息，透传会议精神、政策的资讯类报道外，正能量文章也不在少数，占微信公众平台涉党的十九大发文整体量级的1/5，与客观新闻报道旗鼓相当，为营造党的十九大会议良好氛围、提振民众对党政的信心起到了积极作用。

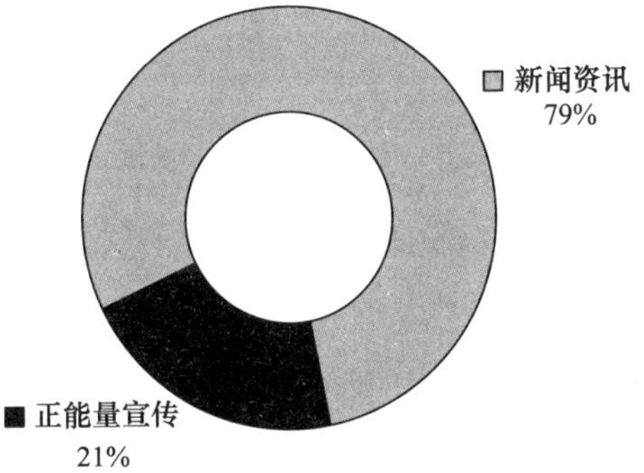

图2 阅读量超过10万次的党的十九大相关文章内容分类

从发文账号类别来看，政务账号居多，企业和个人账号次之，媒体账号占比仅为7%。但在阅读量超过10万次的正能量文章发文账号中，媒体账号则占比高达44%，位居第一。可见媒体账号与其他类型账号相比，具有更强的舆论影响力和引导力，成为此次党的十九大正能量信息的传播主力。

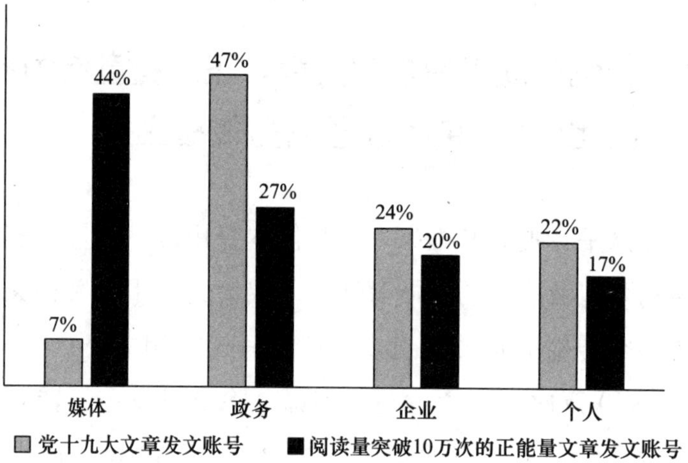

图3 党的十九大文章与阅读量超10万次的正能量文章发文公众账号类别对比

三 微信公众平台阅读量突破10万正能量文章超过百篇，凸显主流宣传质量俱佳

10月17日至25日，微信公众平台涉党的十九大正能量文章中，阅读量突破10万次的多达128篇，且平均每篇文章获得近6000次点赞，表明优秀正能量文章数量可观且舆论认可度较高。从发布日期来看，党的十九大开幕当日，优质正能量文章密集发布，阅读量超过10万次者多达31篇，平均每篇文章获得1万余次点赞；21日及22日，发布正能量文章以质取胜的特点尤为突出，虽发文数量较日前有所减少，但日均点赞数仍在万次左右。

从发布账号来看，“新华社”“人民日报”“央视新闻”“人民网”和“共产党员”五个账号发布阅读量超过10万次的正能量文章数量最多，反映出中央权威媒体成为引领舆论主力。其中，人民系账号表现突出，除旗下两个账号入围前五之外，“人民日报”发布正能量文章收获点赞数也十分可观，接近平均点赞数的三倍。

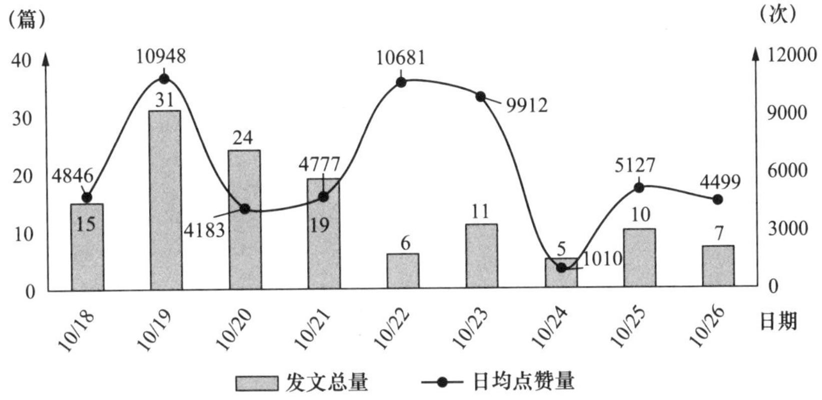

图4　微信公众平台阅读量超10万次的正能量文章每日总量及日均点赞数

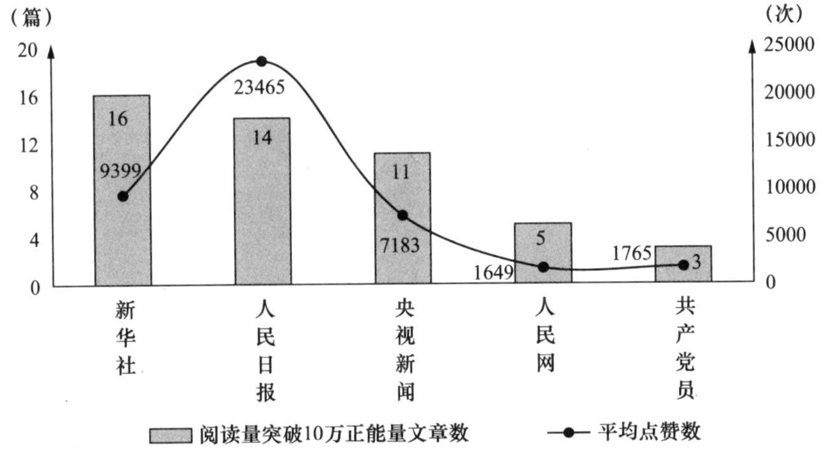

图5　发布阅读量超10万次的正能量文章数量TOP5公众账号及平均点赞数

四　图文结合为微信公众平台正能量文章主要呈现方式，表达内容多为点赞祝福

微信公众平台阅读量突破10万次的涉党的十九大正能量文章虽形式多样，但仍以“文字+图片”的宣传报道手段为主，约为总

量的82%；纯视频类及纯图片类文章占比相对较小，分别为10%、8%。可见，在正能量宣传方式创新方面，各类主体尚存在较大空间。党的十九大正能量宣传中的视频类报道采用了包括MV、延时摄影、微电影、纪录片等多种类型，涵盖回顾党史、展望未来、老外看中国、解读党的十九大等题材，既有独立剧集，也有系列节目，且时长数分钟至数十分钟不等，能够较好满足各类群体偏好，有效调动不同受众观看热情，传播效果较图文形式更佳。

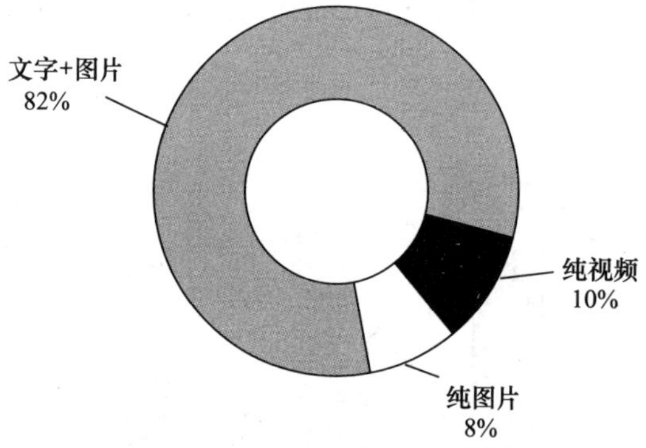

图6　阅读量超10万次的正能量文章呈现方式

从内容分类来看，党的十九大相关正能量文章涵盖多个主题。其中，多样化形式庆祝、支持党的十九大召开的文章舆论关注度居于首位，约占阅读量突破10万次的正能量文章总量的三成左右；凸显党的十九大释放诸多政策红利以及会议引发积极舆论反响的文章热度相当，各占比20%；涉会议细节、中国成就和习近平等领导人的正能量文章亦受到舆论广泛关注，分别占比10%；另有1%关注与会代表先进事迹的文章，也吸引受众积极阅读点赞。

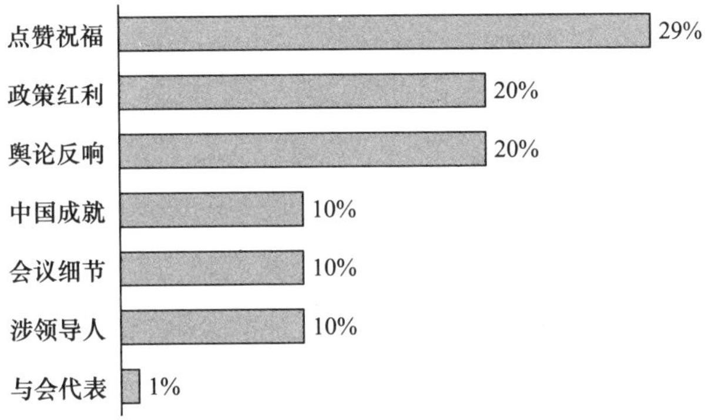

图7　正能量文章内容分类

五　综合利用微视频、长图、H5等多种新媒体传播手段协力调动舆论参与热情

党的十九大期间，各类媒体及商业网站等综合利用微视频、长图、H5等多种新媒体手段呈现正能量内容，精彩纷呈的作品在微信平台广为传播，以“短、平、快”、可视化、强互动等特点吸引网民积极参与、分享，有效调动舆论关注热情。从微信平台热门正能量微视频、长图排行中可以看出，人民日报、央视新闻、新华社和人民网的作品最受舆论青睐。其中，以人民网系列微视频《56个民族儿女寄语党的十九大》和央视新闻长图解读文章《一张图，带你看懂党的十九大报告》关注热度最高，56位民族代表表达对于党的十九大的期待、祝福之情，引发舆论共鸣，“一图读懂”式解读党的十九大报告便于受众快速领会报告内容、精神，吸引网民阅读。

表1　微信平台热门正能量微视频TOP5

序号	账号	标题	传播热度
1	人民网	《56个民族儿女寄语党的十九大》	326535
2	人民日报	《中国进入新时代》	64077
3	人民日报	《中国的红色梦想》	41133
4	人民日报	《献给新时代的梦之队》	21385
5	新华社	《赶考——再塑党的形象的伟大工程》	7852

表2　微信平台热门正能量长图TOP5

序号	账号	标题	总阅读量
1	央视新闻	《一张图，带你看懂党的十九大报告》	205万+
2	人民日报	《你的2050是啥样？新时代动感长卷告诉你》	72万+
3	人民日报	《息息相关！党的十九大将这样改变你生活》	58万+
4	人民日报	《一张图看清中国成功的秘密》	57万+
5	央视新闻	《全方位解读党的十九大报告：新提法新举措四十个！哪些与你密切相关》	56万+

据不完全统计，涉及党的十九大正能量传播的H5作品多达35个，出品方除人民日报（含人民网）、新华社（含新华网）、中央人民广播电台（含央广网）、中国青年报（含中青在线）、光明日报等中央媒体之外，还包括中国江西网、襄阳日报等地方媒体以及中国军视网等垂直媒体，以及腾讯、新浪、网易、凤凰等多家商业网站，表现出各方力量全面参与的特点。其中，以新华系媒体出品H5数量最多，包括《点赞党的十九大，中国强起来》《你有来自人民大会堂的信!》《全息全景！身临其境看报告》《我的党的十九大报告学习笔记》等8个作品；人民系和腾讯次之，H5数量均为4个，代表作品如《史上最牛创业经》《为习近平鼓掌》等。

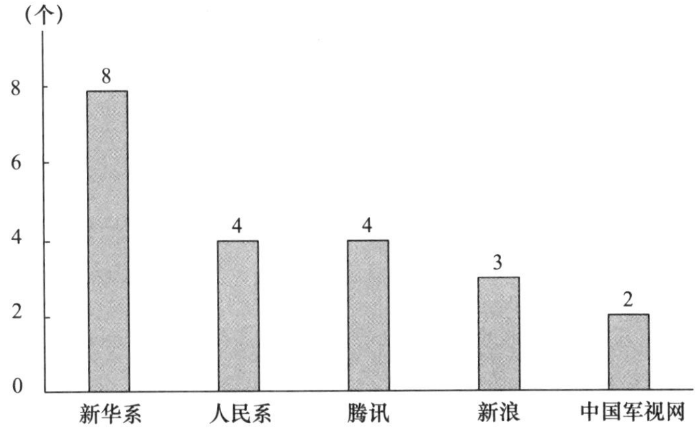

图 8　H5 出品数量 TOP5

各类媒体除积极参与、主动创新之外，还强强联手、协力合作，共同推出了许多优秀作品。以新华系为例，分别与 ofo 小黄车、腾讯新闻、天天 P 图、知乎、百度地图开展合作，先后推出《点赞党的十九大，中国强起来》《我要发贺电》《今天我红了》《全民共读党的十九大报告》《走复兴之路，这一程：强起来》5 款既新颖有趣又各具特点的 H5，全程调动网民对党的十九大的关注热情。以新华社与腾讯新闻联合推出的《我要发贺电》为例，该产品结合新华社权威精准的央媒传播优势和腾讯领先业界的产品技术优势，采用多语贺电分享创意，即邀请用户采用中文、英文、西班牙语、法语、阿拉伯语、俄语、韩语、日语等 9 种语言制作祝贺党的十九大召开的贺电，通过设置不同身份（共产党员、共青团员、少先队员、民主党派人士、普通群众）将贺电与好友分享，同时生产海报在朋友圈传播，至党的十九大开幕式结束，生成贺电已近百万封。

从微信平台其他一些热门 H5 的互动数据也可以看出，形形色色别具创意、趣味十足的 H5，极大地调动了网民参与、分享的积极性，腾讯新闻推出的《为习近平鼓掌》和新华社与 ofo 小黄车联合出品的《点赞党的十九大，中国强起来》互动数据更是达到亿级，创造了重大政治活动正能量传播的新纪录。

表 3　微信平台热门 H5 列举

序号	出品方	名称	数据
1	腾讯新闻	《为习近平鼓掌》	14 亿次掌声
2	新华社 & 新华网 &ofo 小黄车	《点赞党的十九大，中国强起来》	1.2 亿人点赞
3	新华社 & 新华国际 & 腾讯新闻	《我要发贺电》	2220 万封贺电
4	中国江西网 & 信息日报 & 江西手机报	《党的十九大报告学习词典》	1131 万人学习
5	新华社客户端 & 知乎	《全民共读党的十九大报告》	511 万人阅读

六　微信平台正能量文章聚焦报告、议程以及政策红利，激发网民自豪期待情感

从微信平台正能量文章的热门关键词可以看出，党的十九大相关正能量文章与客观资讯报道关注重点基本一致，聚焦习近平总书记开幕式所作工作报告，包括“中国特色社会主义进入了新时代”这一重大论断和其他新提法、新概念的相关解读，以及党的十九大参会代表、人事调整和释放的民生红利。正能量宣传与会议报道同频共振，彼此呼应，发挥了烘托会议良好舆论氛围的重要作用，激发出网民对于中国在中国共产党领导下取得各项成就的极大自豪和未来发展前景的充分信心。从微信公众平台网民正能量评论热门关键词可以看出，“祖国”“人民”“初心”“希望”“伟大”“强大”“加油”“努力”成为网民提及频率最高的词组，一方面显示出人民群众对于祖国日益富强的深切感受和更加繁荣的殷切期盼，另一方面也表明民众愿意为实现中国梦而继续携手奋进、砥砺前行。

图9　微信公众平台网民正能量评论热门关键词

从党的十九大期间微信公众平台网民评论态度倾向每日趋势可以看出，舆论氛围整体积极正向、理性客观，支持点赞声音占据绝对主流，日均声量占比约为88%。日均负面评论观点占比仅为0.2%，主要集中在抱怨会议安保措施对日常生活造成不便方面，但是，会议开幕后该类评论大幅减少。

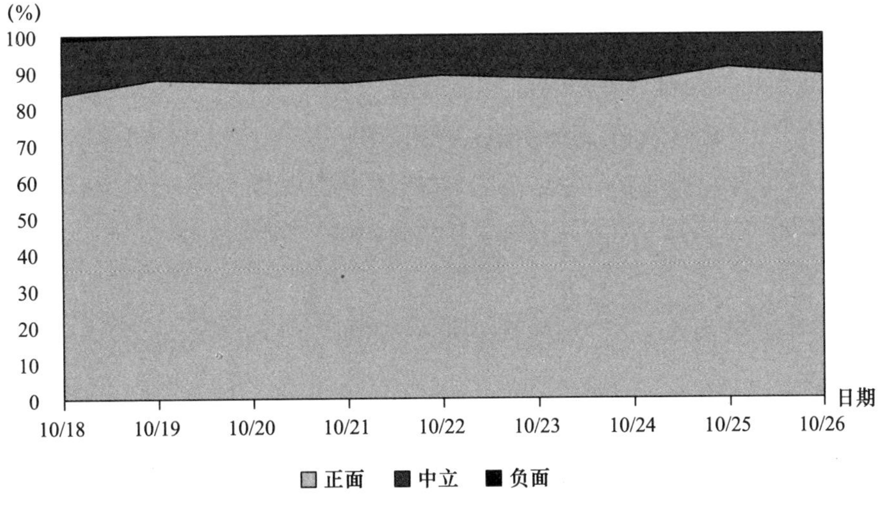

图10　微信公众平台网民评论态度倾向日趋势变化

微信网民关注和讨论党的十九大正面声音长期保持高热，主要观点如下：一是祝贺党的十九大顺利召开，希望会议提出新举措、新规划、新布局能够带领中国继续走向繁荣富强；二是盛赞党的十九大报告高瞻远瞩，极富思想性、理论性和实践性，为党和国家的事业规划了宏伟蓝图，为全国人民指明发展方向，鼓舞人心；三是党的十九大系列正能量宣传充分激发爱党爱国情怀和民族自豪感，网民纷纷表达对党和国家的热爱之情；四是坚决拥护以习近平总书记为代表的党中央的领导，期待在党中央坚强领导下，不忘初心、继续携手前进，踏上建设社会主义现代化国家新征程；五是高度评价砥砺奋进的五年取得成就辉煌，感慨当代中国已发生和正在发生的深刻变革；六是赞扬中国反腐败成效显著，点赞中国共产党对腐败零容忍的坚决态度和坚定决心；七是期望我党继续贯彻为人民服务的根本宗旨，真抓实干地推进民生政策。

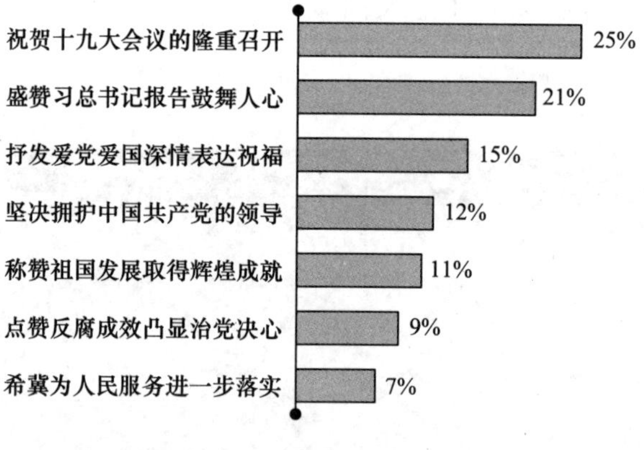

图11 网民观点分布

总体而言，微信平台的正能量传播特征显示，各媒体、网站都以强烈的时代使命感和政治责任感，积极、主动开展党的十九大宣传，充分利用自身优势和特点，多角度、全方位地传播正向能量，营造和谐氛围。自媒体及网民也对相关宣传持续关注、积极回应，并且自发自觉地助力次级传播，使得此次会议在网络舆论场中涌现出诸多现象级话题，整体舆情热度远超娱乐、体育等惯常更易被大众舆论所关注的事件。这既折射出舆论对过去五年来取得辉煌成就的高度认可和对主流文化的广泛认同，也反映出此次会议正能量宣传工作的卓有成效。经验启示主要有以下三点：

一是充分利用微信平台用户基数庞大、传播网络发达、兼具社交和媒体属性、作为载体功能丰富等优势，将微信公众平台和朋友圈作为宣传工作重要战场，发动粉丝数量众多、舆论影响力强的账号，积极发布网民愿意阅读、参与和转发的内容。

二是尽可能采用新颖性和创意性好，互动性和趣味性高，直观性和可读性强，且较为简短的呈现方式，如微视频、一图读懂、H5 等，以降低受众门槛、吸引年轻群体，使广大网民对于主流宣传既易于理解，又乐于分享。同时注意避免此类新媒体宣传产品的同质化，做到“千作千面，各有千秋”，使网民面对诸多宣传作品时，能够始终保持较强的阅读、观看和分享意愿。

三是积极谋求多元合作，充分调动社会参与力量。从此次微信平台的正能量传播情况来看，一方面，媒体尤其是中央媒体仍是主力，商业网站、自媒体、大 V、企业及其他社会组织的网络宣传力量有待进一步释放；另一方面，新华社在 H5 制作方面，已经开始尝试与其他网站、企业进行合作。未来，可在联合推出 H5 产品的基础上继续扩大合作范围、探索合作模式。

China: *Time of Xi* 系列节目传播效果评估报告

曹燕妮*

美国探索频道的三集电视纪录片 *China*：*Time of Xi*（直译作《中国：习近平时代》，又名《习近平治国方略：中国这五年》）2017 年 10 月 16 日晚在探索频道亚太电视网完成首播，覆盖了日本、韩国、澳大利亚、新西兰、印度、泰国、马来西亚等 37 个国家和地区的逾两亿收视户。

这是国际主流媒体首次播出全面、系统解读习近平总书记治国理政思想的节目，引发境内外舆论广泛关注与好评。全网相关信息传播量及相关视频播放量均较为可观，网民自主转发效果明显。其中微信成为主要传播渠道及舆论主场，公众平台发文主体多元，交叉覆盖不同群体；文章内嵌微视频吸引关注，阅读量超过 500 万次。关注人群以中青年、男性及发达省份居民居多，网民观点以民族自豪感和爱国情绪为主，积极正向声音占据绝对主流。可以说，该片在传播效果和舆论反响方面均取得了较好成绩，以外部视角讲

---

* 曹燕妮，腾讯公司政务舆情部研究员。

述中国故事、多方力量携手共赢等经验做法也值得总结。

一 纪录片舆论关注度较高，多平台发布、各方报道、舆论好评助力传播

China：*Time of Xi* 纪录片在海外完成首播后，国内媒体纷纷对此事予以报道，相关视频（境内为中文版）也陆续上传至 YouTube、腾讯视频、优酷、爱奇艺、bilibili 等多个视频网站，吸引境内外网民观看热议。10 月 15 日至 25 日，包含微信公众号、QQ 空间、新浪微博三大社交媒体以及超过 1.5 万家主流新闻网站在内的公开场景监测显示，相关信息传播总量达到 1.7 万条。监测周期内，舆情热度于 10 月 18 日出现高峰，单日传播总量超过 4300 条。

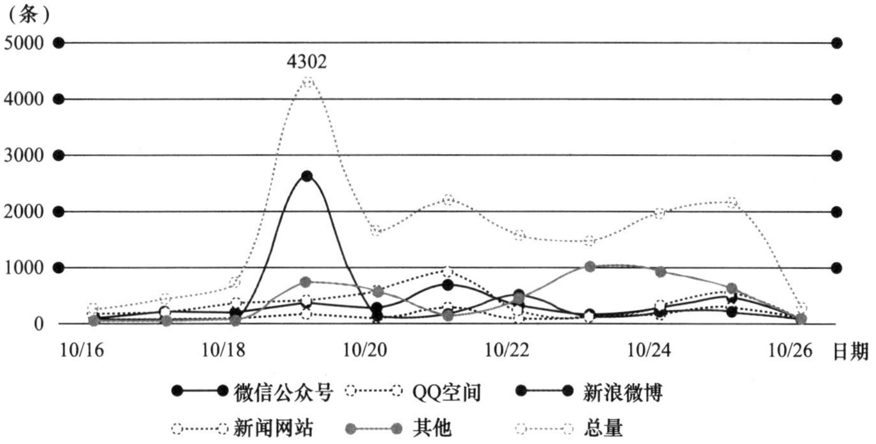

图 1 *China*：*Time of Xi* 纪录片全网公开场景传播量

从整体趋势来看，该纪录片舆论关注度较高，传播趋势属于短期爆发型。具体原因剖析如下：一是海内外多家媒体对纪录片完成

首播积极报道，助力影响力传播；二是海内外各界对纪录片热评点赞，推升舆论热度；三是党的十九大会议主要议程及发布重要报告、信息对舆论注意力形成吸引和转移作用，纪录片高热态势持续较短。

二　纪录片全网播放总量突破260万次，腾讯视频平台为该片主要传播站点

10月15日至25日，境内外各视频平台累计播放总量约为262.6万次。其中以腾讯视频表现最为亮眼，平台与人民网视频官方账号“人民电视”均发布该系列节目，累计播放量达130.4万次，平均每集播放量超过43.5万次。此外，境外网站YouTube播放量也较为可观，播放总量约66.9万次，位居第二；优酷播放总量约为41.3万次，位居第三；爱奇艺和bilibili两家视频网站上该系列视频的播放量相对较低，两家之和约为24万次。

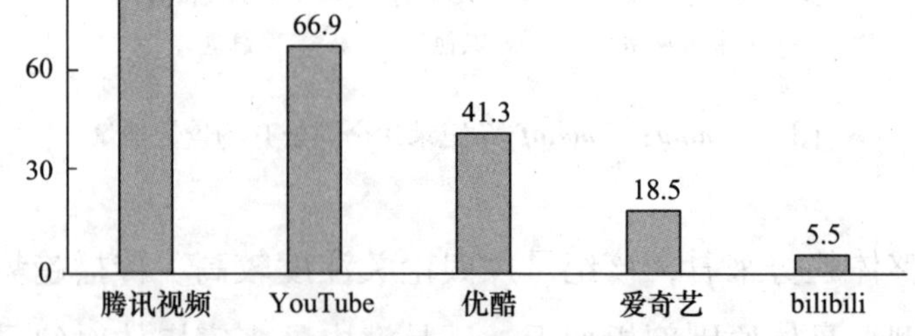

图2　*China*：*Time of Xi* 纪录片系列节目各视频网站播放总量

三 公众平台传播主体多元，政、媒、企以及个人账号交互覆盖不同群体

从发布相关信息的微信公众账号类别来看，政务类和个人类微信公众号占比相当，分别为33%、32%；企业公众号占比次之，约为27%；媒体类微信公众号虽仅占比8%，发文总量不占优势，但具备粉丝众多、受众广泛等优势，在舆论影响力方面反而优于其他类型账号。*China*：*Time of Xi* 上传至境内各视频平台并在国内央视频道播出后，政务及媒体账号及时发布文章对视频主要内容及播出时间等进行推介。此外，企业及个人公众号也积极生产原创内容，通过转载助力二次传播。各类不同账号的交互传播、优势互补，对社会不同阶层、不同群体形成更广泛、全面的立体式覆盖。

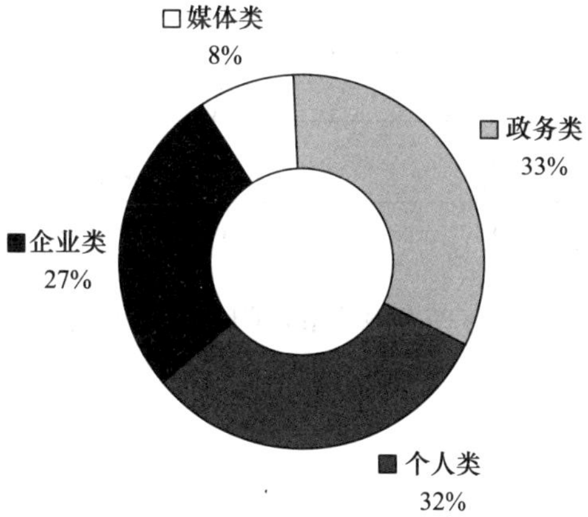

图3 *China*：*Time of Xi* 纪录片系列节目微信公众账号类别占比

四　公众平台相关文章阅读量达 545 万次，文章内嵌微视频增强宣传效果

10 月 15 日至 25 日，公众平台相关文章阅读量高达 545 万次，峰值出现于 10 月 20 日，单日阅读总量达 215 万次。该系列片共 3 集，且每集长达 40 多分钟，较难快速吸引舆论视线，而公众平台文章中植入 3—4 分钟的微视频片段，因耗时较短，更容易激发用户试看热情，进而产生观看完整视频的意愿，在该纪录片的传播中起到了积极的催化作用。

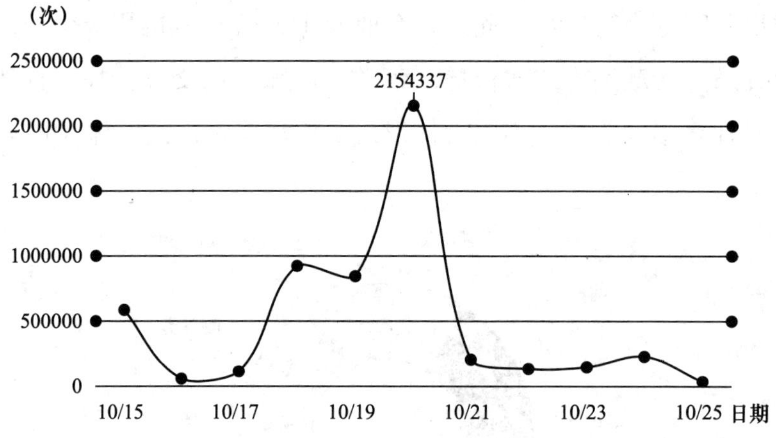

图 4　*China*：*Time of Xi* 纪录片系列节目在公众平台相关文章阅读量

五 社交平台热门文章多为内容推荐和链接分享，网民自主转发效果明显

从微信公众平台和新浪微博平台相关热门文章来看，多以内容推荐和链接分享为主，微信支付旗下账号以自身为切入点对内容进行宣传，也取得了一定传播效果。若以微信公众号、微博相关文章作为一次发布，以上述两平台相关文章转发数和评论数作为二次发布来计算扩散系数（二次发布量/一次发布量），系数值为52.1，也就是说，相当于政府机构和媒体机构在微信平台每发布一次主题文章，网民主动转发和评论约52次，高于此前“观视频工作室”制作推出的系列短片 *My life*，*My China*（扩散系数41.4）。

表1　　公众账号相关热门文章TOP5

序号	账号	标题	阅读量
1	中国日报双语新闻	《强烈推荐！Discovery 推出中国纪录片，西方主流媒体首次系统解读习近平治国方略》	100000 +
2	微信支付商户通	《很高兴，“我们”成为了中国创新的新名片》	41027
3	柚子木字幕组	《外国人眼中的习大大是怎么样的?》	16160
4	微信支付生活 LAB	《我们被 Discovery 点名了!》	14573
5	极飞科技	《很高兴，我们成为了中国创新的新名片》	6898

表2　新浪微博相关热门文章 TOP5

序号	博主	内容	粉丝数	转发量
1	向小田	2017 年 10 月 16 日由美国探索频道出品、英国子午线制作公司承制的电视纪录片 *China*：*Time of Xi* 完成首播。视频在线观看：第一集：http：//t. cn/RWwpPGy；第二集：http：//t. cn/RWwpPG7；第三集：http：//t. cn/ROFJvbN	917545	501
2	柚子木字幕组	【探索频道出品 海外热播纪录片《习近平治国方略：中国这五年》】这部探索频道关于习大大的纪录片，*China*：*Time of Xi* 在国外火了！视频讲到中国的新四大发明：高铁、移动支付、共享单车、网购，在深刻影响和重塑着整个国际社会。看得归属感爆棚	372126	310
3	CATTI 考试资料与资讯	【英语纪录片】习近平治国方略：中国这五年 China：Time of Xi（双语字幕）http：//t. cn/RWxatYK	191343	68
4	哈尔滨发布	#热点新闻回放#【习近平：把新时代中国特色社会主义推向前进 http：//t. cn/ROsknd2】【从党的党的十九大看习近平新时代中国特色社会主义思想 http：//t. cn/RWvTxtp】【海外各界热评纪录片《中国：习近平时代》首播】【前三季全国房产投资额增 8. 1% 商品房库存减少】【成品油价迎年内第六次搁浅】	3216413	13
5	Comix07	China：Time of Xi | Discovery Channel http：//t. cn/RWvjPp8	9416	8

表 3　　相关热门文章 TOP5 扩散系数

一次发布	二次发布	扩散系数
212	11054	52. 1

六　中、青年为该纪录片主要关注人群，参与话题男性人数高于女性30%

从腾讯平台公开场景（包含微信公众号、QQ 空间、腾讯微博、腾讯新闻评论）来看，参与 *China*：*Time of Xi* 相关话题讨论的人群，以中、青年人居多，整体占比超过六成。20—29 岁人群为最主要的参与讨论人员，占比为 37%；其次是 30—39 岁人群，占比为 24%；40—49 岁人群与 19 岁及以下人群占比相当，均为 15%，50% 及以上的中老年人话题参与度最低，人数占比仅为 9%。其中，男性网民对该纪录片更为关注，占比为 65%，高出女性 30 个百分点。

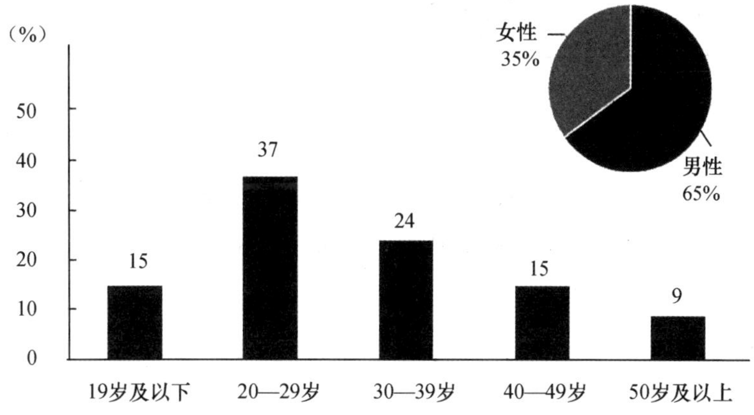

图 5　参与 *China*：*Time of Xi* 纪录片系列节目相关话题讨论人群

七 纪录片传播影响力辐射全国各个地区，经济发达省份网民关注度较高

从腾讯平台参与话题讨论网民的地域分布情况来看，全国各个地区均有网民关注该片，经济发达省份网民或因享受中国五年发展成果更为充分，对中国五年发展成就感知更为明显，讨论积极性较其他地区更高。其中北京参与讨论网民数最多，广东紧随其后，与其他省市拉开一定距离。浙江、上海、山东分列第三、四、五位，四川、江苏、山西、湖北、河北等省网民也对该话题表示关注，但上述省市之间热度差异较小。

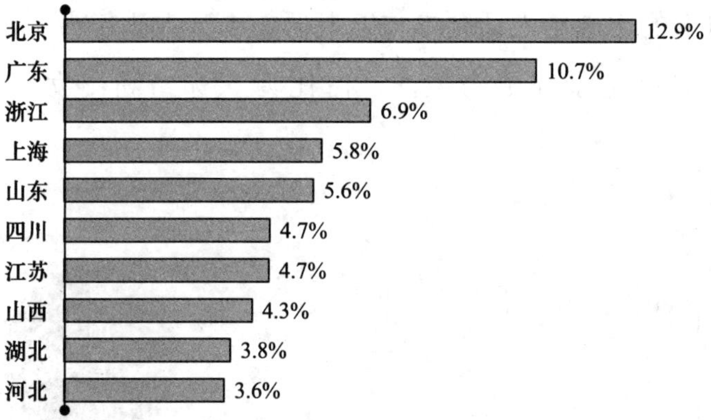

图6 网民参与 *China*：*Time of Xi* 纪录片系列节目话题讨论的地域分布

八　纪录片激发网民民族自豪和爱国情感，肯定五年成就并寄望未来发展

大数据分析显示，网民对 *China*：*Time of Xi* 系列节目保持较高关注，纷纷表达民族自豪和爱国情感，肯定中国五年来取得的各项成就，并寄望于未来能够实现民族复兴，正面舆论占据绝对主流。具体观点如下：一是感慨“现如今，该是西方开眼看看中国了”，为中国日益强盛和自己身为华夏儿女感到骄傲自豪；二是为片中提及中国领先世界的多项成就点赞，“厉害了，我的国”成为评论关键词；三是认为前路并非坦途，呼吁国人加倍努力、继续前行，期待实现中华民族的伟大复兴；四是赞誉习总书记领导中国进入新时代，为百姓谋幸福，增强人民获得感；五是点赞中国科技发展，认为微信支付以创新改变生活方式，引领移动支付新风尚；六是观看微视频或网民转发信息后希望得到纪录片完整资源；七是高度赞扬纪录片选材及制作。

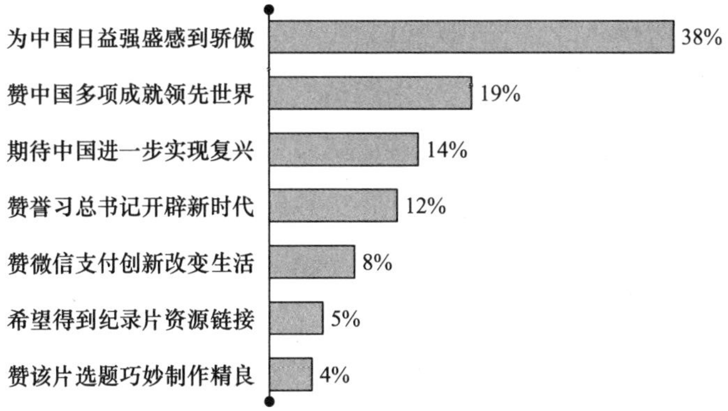

图7　网民对 *China*：*Time of Xi* 纪录片系列节目具体观点

九 外部视角讲述中国故事吸引关注，海内外、媒政企多方合力推动传播

综合来看，纪录片 *China*：*Time of Xi* 在传播效果和舆论反响方面均有良好表现，相关经验启示主要有以下三点：

一是外部视角讲述中国故事更具有说服力，以生活小事反映大国成就易获舆论认同。国际社会部分机构、人士和媒体对我国存在负面刻板印象，国内媒体面向海外讲述中国发展成就，往往容易引发官方授意、粉饰太平、自卖自夸等批评质疑。美国探索频道系国际主流媒体，立场较境内媒体更为中立，且具有较大舆论影响力，因此其作为外部观察者讲述中国故事，对海外各界而言更具可信性和说服力。此外，纪录片视角从公路、高铁、微信支付、共享单车、进口商品等与普通民众生活息息相关的领域切入，生动形象地凸显中国的发展给中国人民和世界各国人民日常生活带来的便利，使受众产生较强代入感和认同感，进而通过点赞、关注、转发、评论等形式主动参与传播。

二是多地域＋多主体传播阵容形成传播合力，营造良好传播氛围并覆盖更广泛群体。纪录片在探索频道播出后，引发海外舆论巨大反响，被全球各大主流新闻媒体、互联网视频站点、个人页面等报道或传播，随即国内媒体也对此事积极报道，央视多个频道及主要视频网站同步播放该片，微信、微博等社交平台上的各类型账号也主动进行推介，与境外舆论关注形成呼应之势。多地域＋多主体的传播阵容在海内外均营造出积极良好传播氛围，同时也通过交叉传播和效应叠加覆盖了更广泛人群，掀起全球观看讨论热潮。

三是纪录片谈发展创新“点名”中国企业，实现中国形象展示

与企业品牌传播双赢。该片在谈及中国的创新与发展时，列举了极飞科技、比亚迪、京东、腾讯等一系列中国企业，在展示中国大国形象的同时，也有助于提升民族企业品牌在海外的知名度。与此同时，该片中文版在国内电视及网络平台播出之际，微信支付团队亦撰文呼应，极飞科技等企业也积极转发，利用自身影响力助力传播，实现了政治宣传与企业营销的双赢。

2017 年主旋律电影传播状况分析

——以《战狼 2》《建军大业》为例

崔　斌*

2017 年 7 月，两部国产主旋律、军事题材爱国电影《战狼 2》和《建军大业》持续刷屏、霸屏，引发“现象级”传播，以优良的票房和口碑向建军九十周年献礼。尤其是《战狼 2》，凭借优良的口碑票房持续火爆，最终以 56.8 亿的总票房创造华语电影新纪录，同时跻身世界百强票房。这种现象不仅点燃了观众的民族自豪感和爱国热情，同时也让更多观众意识到“主旋律爱国电影也可以很燃很好看”。

近年来，国产主旋律电影引发热传和好评的案例愈发增多，从《智取威虎山》到《湄公河行动》，再到现今的《战狼 2》，票房和口碑取得佳绩。这一现象表明，借助电影表现形式，融入先进的技术、真诚的表达、精湛的演技、精准的营销等因素，传统主旋律 IP 也可以实现转化和升华，在现代社会焕发更大活力和光彩，“润物细无声”般传播正能量，发挥爱国主义宣传教育功效，取得电影票

* 崔斌，腾讯公司政务舆情部研究员。

房和口碑“双丰收”。

一　热度趋势：两部影片传播热度交替发力，《战狼2》长尾效应突出显著

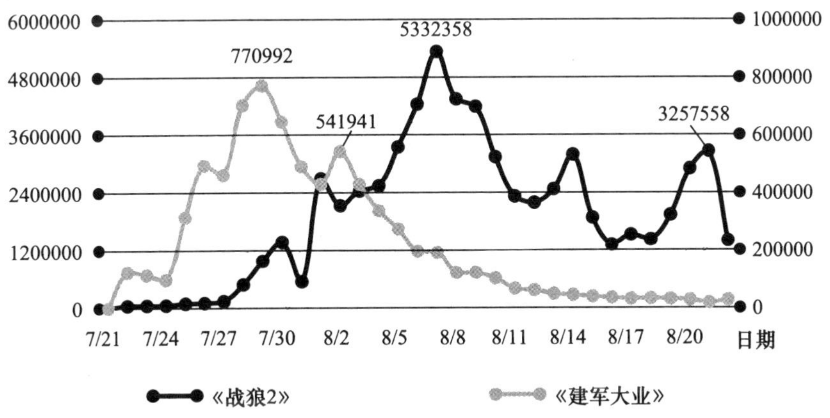

图 1　《战狼 2》和《建军大业》两部影片传播热度趋势

腾讯指数对微信公众号、QQ 空间、新浪微博三大主要社交媒体渠道以及全网超 1.5 万家主流新闻网站、论坛站点的监测显示，7 月 21 日至 8 月 20 日，《战狼 2》在上述传播渠道的相关信息传播总量达 6400 余万条，《建军大业》相关信息传播总量为 740 余万条，均受到舆论广泛持续关注。从境内传播热度走势来看，《建军大业》前期宣传效果良好，首映舆论关注度较高，而《战狼 2》后期效果明显，首映 5 日后，热度明显爆发。上映前夕，伴随着相关预热宣传，涉《建军大业》相关舆情从 23 日开始逐步上升，并持续保持高位传播，7 月 27 日上映后热度陡升，28 日因电影建军大业官微发表“‘我们今天所做的一切，无上光荣!’——朱德《建军大业》”7 秒段视频，点燃舆论热情，迅速抵达传播高点，此后

热度稍有回落。相较来看，《战狼2》在8月7日首映前，舆论反响较为平淡，首映后热度开始稳步上升，后续伴随着舆论好评度的集聚效应，热度从28日开始大幅攀升，31日，随着“《战狼2》总投资的1.5亿元中，有8000万元是吴京的个人积蓄”等相关衍生话题的涌现，热度进一步走高，达到该事件监测周期内舆论峰值，且长尾效应突出显著。

二　人群画像：年轻男性群体偏爱《战狼2》，年轻女性群体更喜《建军大业》

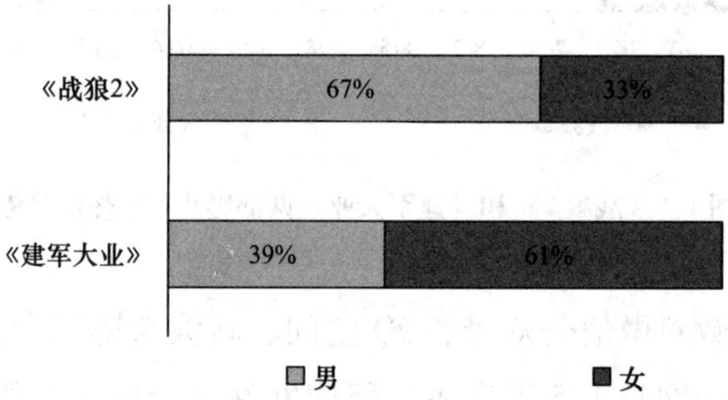

图2　《战狼2》和《建军大业》两部影片人群画像

基于腾讯平台公开场景的讨论人群画像显示，《战狼2》由于“硬汉”故事和人设，引发更多男性群体的追捧和共鸣，关注影片的男性群体是女性群体的两倍多。相较《建军大业》，众多年轻人气男明星参演，吸引着更多女性观众群体喜爱和讨论，关注影片的群体性别分布比例接近“女六男四”。可见，两部影片背后关注讨论的人群性别比例呈现出显著的差异。

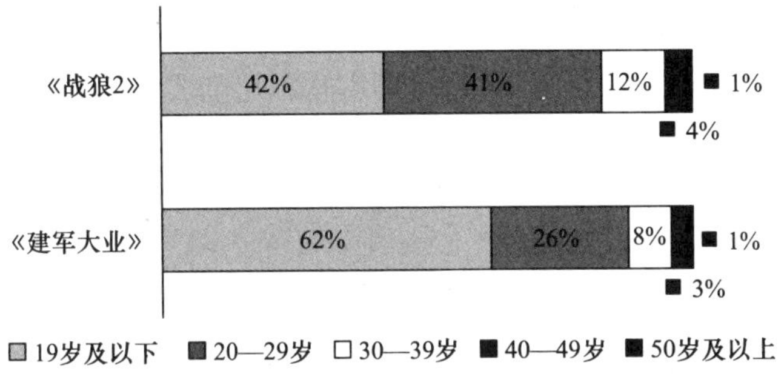

图3 《战狼 2》和《建军大业》两部影片关注讨论人群年龄分布

另外，从两部影片关注讨论人群年龄特征分布来看，《战狼 2》和《建军大业》亦呈现出较为突出的差异。《战狼 2》方面，19 岁及以下的群体和 20—29 岁的群体占比接近，分别为 42% 和 41%，在年轻群体中分布较为均衡。其中，《建军大业》的受众中，19 岁及以下的群体占比超过六成，20—29 岁群体占比不足三成，“明星效应”显著。

三 地域热度：两部影片地域传播热度趋同，东部发达省份讨论积极性高

《战狼 2》最受关注和讨论的前十热度省份中，广东以 11.90% 的占比居首位，浙江、山东、北京、江苏分别位居第二位至第五位。其中，河南、山西成为入围的两个中部省份，分列第七位和第十位。而四川成为唯一入围的西部省份，以 4.43% 的占比居第九位。

《建军大业》的地域关注讨论热度分布与《战狼 2》呈现出高度趋同的特征。在最热的前十省份中，广东以占比 10.93% 居于首位，

北京、江苏、浙江、山东这几个东部经济发达省份紧随其后，分列第二位到第五位。在最热的前十省份中，河南、湖北分列第六位和第十位，成为入围的中部省份。四川居第九位成为入围的唯一西部省份。

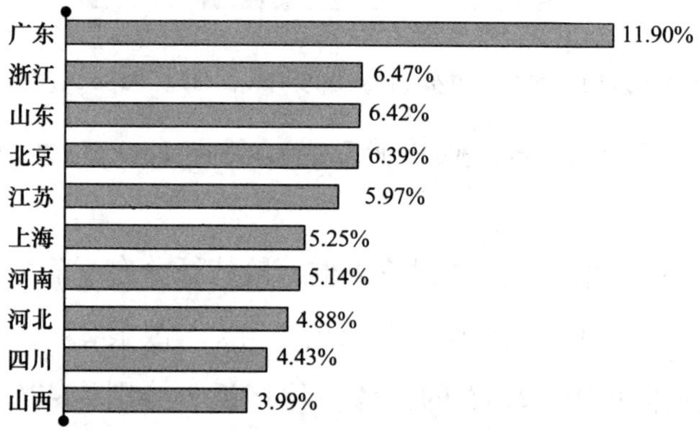

图4 《战狼2》地域关注讨论热度省份分布

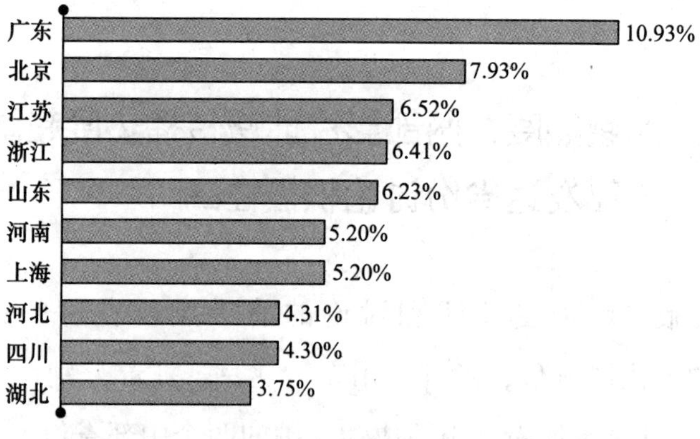

图5 《建军大业》地域关注讨论热度省份分布

四　话题分布：《战狼 2》票房表现最受关注，《建军大业》演员阵容广受热议

演员阵容、票房表现、剧本剧情、电影制作、演员片酬等核心要素均引发不同程度的关注和热议。《战狼 2》上映后票房表现亮眼，持续刷新和创造纪录，成为最热门的舆论话题，相关信息量占比近四成。《建军大业》方面，由于影片由众多知名明星参演，围绕演员阵容的话题引发热烈讨论，相关信息占比超过四成。同时，基于两部影片剧本剧情、制作水准等方面的讨论热度占比“不相伯仲”。《战狼 2》由吴京自导自演，没有华丽的明星演员阵容，片酬话题信息量占比最少。相较《建军大业》，由于票房表现不足预期，与《战狼 2》票房表现差距较大，票房话题信息占比最少。

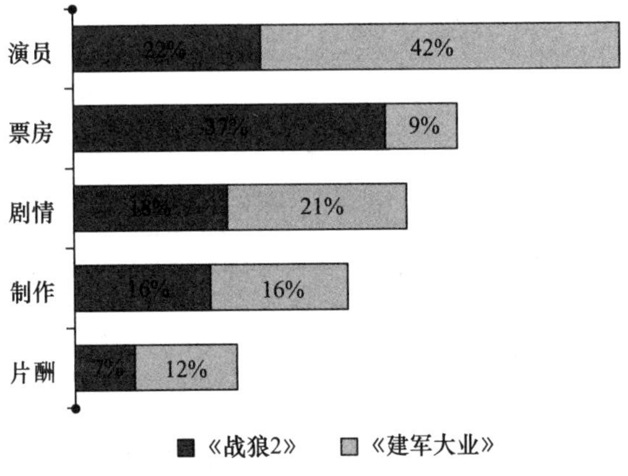

图 6　《战狼 2》和《建军大业》两部影片话题分布

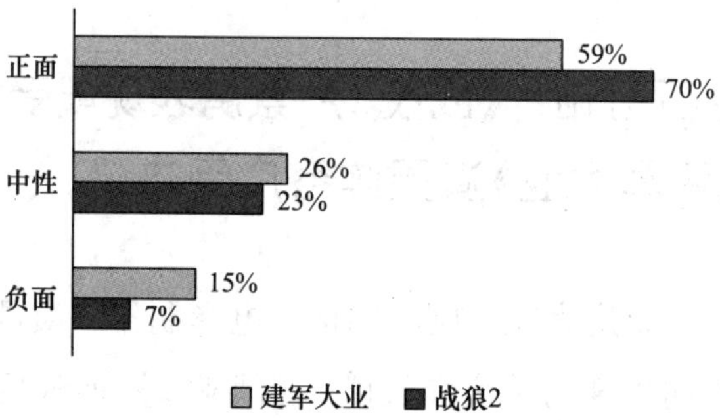

图7 《战狼2》和《建军大业》两部影片舆论口碑评价倾向对比

五 口碑评价：正面、客观性信息均占据主流，《建军大业》争议性信息较多

《建军大业》与《战狼2》两部国产爱国电影佳作线上相关话题热度持续火爆的同时，国内媒体、网民群体等各方的口碑评价也均以正面积极、中性客观为主，正面及客观声音均占比九成左右。相较来看，《战狼2》正面评价占比为七成，《建军大业》正面积极倾向占比近六成。此外，由于受到叶挺之孙质疑批评的带动和影响，围绕《建军大业》的负面消极评论占比高于《战狼2》。同时，《战狼2》也因被部分网民吐槽“个人英雄主义”及“看开头知结尾”而未能“完璧无瑕”。

六 舆论观点：成为主旋律爱国电影新标杆，有效激发爱国热情和传递正能量

《战狼2》和《建军大业》两部爱国电影引发热议的背后，国内媒体、网民群体也纷纷予以探讨和解读，围绕影片激发观众爱国

热情、电影如何更好适应市场、国产电影管理、主旋律电影制作等发表观点和建议。

综合国内主流媒体对《战狼 2》和《建军大业》两部影片的评论解读，核心观点集中如下：

一是点赞主旋律电影点燃观众民族自豪感，激起青年人共鸣。《人民日报》文章《〈战狼 2〉为啥火得“不像话”》认为，最是英雄有热血，最是情怀能动人。和朱日和阅兵一样，《战狼 2》也正是以刚健的姿态、英雄的血性、爱国的热忱，激发出了强大的共鸣。《中国新闻出版广电报》文章《军事题材电影领跑暑期档》认为，两部影片虽内容不同、历史场景不同，但是他们优良的制作和健康的价值观激发了观众极强的传播意愿，感染和触动了观众。

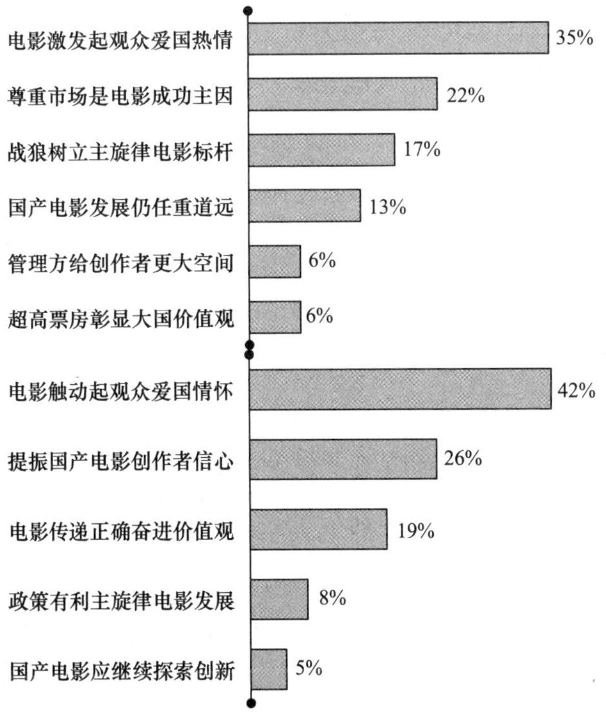

图 8　国内媒体、网民群体对《战狼 2》和《建军大业》两部影片舆论观点

二是认为两部影片给主旋律电影创作者树立标杆，提振信心。

中国网文章《〈建军大业〉〈战狼2〉满意度领跑 树立主旋律大片创作典范》评价称，《建军大业》和《战狼2》以优良口碑向中国人民解放军成立90周年献上厚礼，以高度统一的观赏性、影响力和传播度为国产电影添上了浓墨重彩的一笔，也树立了主旋律影片的创作标杆。《环球时报》文章《主旋律大片“杀”出一条新路》表示，这一波主旋律电影的涌现，有力回击了人们对中国电影人的怀疑，这应该会激励他们拍出更多更好的主旋律电影。

三是表明尊重观众与市场才能实现电影票房和口碑“双丰收”。

《人民日报》认为，我们的主旋律作品，唯有更加尊重观众、尊重市场，才能更好地传播正气、弘扬正能量。民族自豪感、国家荣誉感，或许正是文艺创作的动力和源泉所在，也是文艺作品和时代、社会、人心互动的关键所在。《新闻晨报》文章《如何看待〈战狼2〉的意外》认为，《战狼2》的意义不在“重工业”，而在于主旋律表达的“类型化”，在于整个产业从“大”到“强”的平稳过渡。《环球时报》认为，主旋律影片要成功，就得找准与观众需求的契合点，真正能“走心”和“接地气”。正在热映的《建军大业》《战狼2》，已经表现出对国内主旋律电影市场认知的敏锐和跟进的及时。这也是对新时代背景下国人精神需求的一种成功探索。

四是建言主旋律电影应给予更大的创作空间，摆脱刻板印象。

《环球时报》文章《不刻板的主旋律需要再探索再发现》认为，主旋律未必都是主管部门规范出来的，管理部门应当给予创作者更大空间。中国社会最需要什么，主旋律和正能量就应该出现在哪里。拍这样的电影作品会自然饱含市场针对性，也是最不刻板的。《战狼2》和《建军大业》应该带来一些认识上的触动甚至颠覆。国产电影的探索需继续展开，投资方也要扩大视野。

五是呼吁充分挖掘和发挥主旋律电影的思想政治教育功能。

《红旗文稿》刊文表示，《建军大业》《战狼 2》等一系列带有主旋律性质的电影，都是通过对历史上典型事例的再现，或者是通过对生活的重塑而达到对爱好和平、团结奋进、勇敢拼搏、心怀祖国等爱国主义精神的传递，鼓舞了一代又一代的大学生为祖国贡献自己的青春和力量。将主旋律电影纳入大学生思想政治教育体系，必当使爱国主义根植于当代大学生的内心，产生深入、持久的教育效果。

同时，《战狼 2》和《建军大业》两部爱国电影燃爆暑期档，在广大网民群体中吸睛和圈粉无数，赢得大量点赞和热议，激发民众爱国热情。大数据分析显示，网民群体对两部影片的评价积极，正面声量占据舆论主流，无论是电影本身还是演员演技均获得广泛认可。

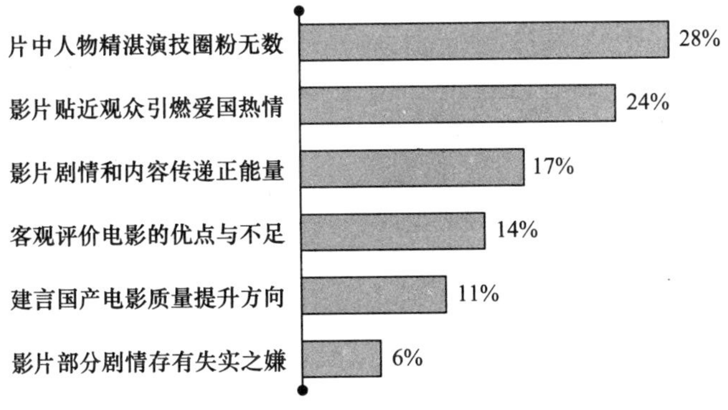

图 9　网民群体对《战狼 2》和《建军大业》两部影片的评价

主要观点如下：一是高度评价两部电影中演员演技，自然真实的情感流露圈粉众多；二是电影引燃爱国热情，引发网民自发向逝去英烈致敬，民族自豪感高涨；三是肯定电影透传的正能量意义，对了解历史、尊重历史，树立正确的价值观和信仰均有积极导向和意义；四是客观评价电影的优点与不足，演员的敬业、严谨的剧情设置等获得认可，对特效的不足和人物安排合理性进行客观探讨；五是建言国产电影质量提升，依靠国产片保护政策持续积累口碑和观众，摒弃简单商业化，用心拍片自然会获得观众认可；六是少量杂音质疑影片部分剧情有失实之嫌。

下 篇

海外篇

三家央媒外宣传播效果大数据分析报告

沈　珂*

近年来，中国的国际地位越来越高，经济总量排名全球第二，担负着第二大经济体的重大责任。中国在国际社会提出“中国方案”，推动全球治理和经济体系变革，国际影响力日益上升。2017年，国内媒体，特别是三家央媒对于“一带一路”和“中国制造2025”两个国家计划、厦门金砖会议、领导人出访等重要活动的对外宣传，取得了明显成效。本文基于腾讯指数舆情大数据近期的监测，从传播力、影响力和引导力三个维度对三大央媒外宣主题全网传播效果进行了系统评估，具体如下。

第一部分　传播力

监测数据显示，三家央媒传播力非常强劲，在外宣主题的推动上起到了至关重要的作用，整体舆论新媒体特征凸显，微信成为信

* 沈珂，腾讯公司政务舆情部研究员。

息传播的主要渠道。其中，在原创报道方面人民日报保持优势；在扩散性方面，新华社优势明显。

一是三家央媒传播力强劲，外宣主题推动作用明显。

今年以来，“一带一路”“中国制造 2025”“领导人出访”“大众创新，万众创业”等多个外宣主题获得国际社会广泛关注，三家央媒积极造势掀起舆论热潮。监测数据显示，10 月 20 日至 11 月 19 日，全网涉外宣传主题舆情信息总量超过 577 万条。其中三家央媒传播力强劲，产生信息总量为 72.4 万余条，占总体信息总量的 12.5%。

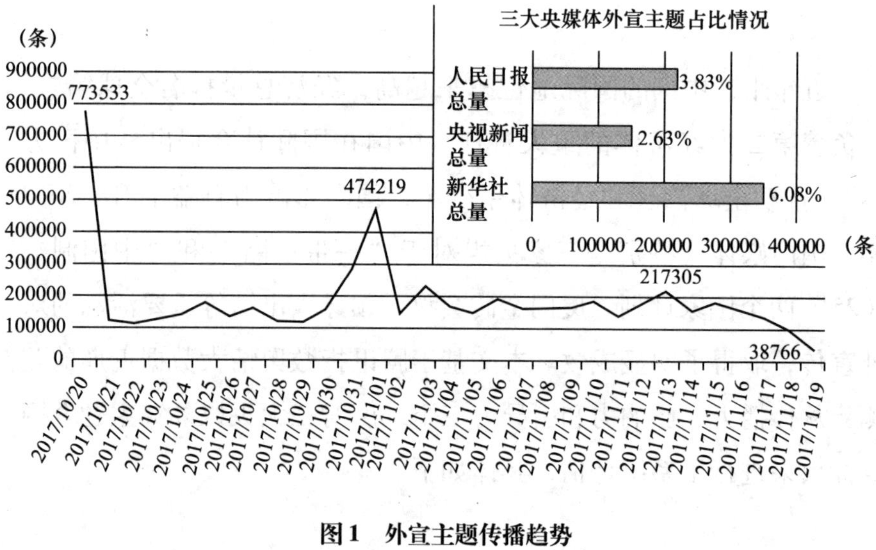

图 1　外宣主题传播趋势

二是整体舆论新媒体特征凸显，微信成为信息传播主要渠道。

在舆论传播渠道占比分布方面，微信平台凭借庞大的用户规模和使用黏性，成为外宣主题信息传播主要渠道，舆情信息占比达到 72%。QQ 平台紧随其后，占比约为 23%。此外，新闻平台、微博舆情信息占比约为4%、1%。与时下互联网传播规律相适应，微信、QQ、微博等移动社交平台成为外宣主题传播的主力军，整体舆论场呈现明显的新媒体特征。

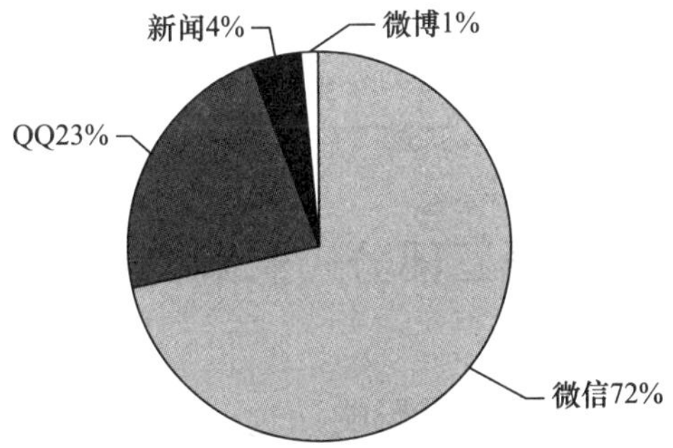

图2　外宣主题全网渠道占比

三是三家央媒原创报道人民日报保持优势，扩散性方面新华社优势明显。

监测数据显示，外宣主题原创报道方面，人民日报共2031篇，比新华社（975篇）和央视新闻（795篇）之和还要多，人民日报成为外宣主题第一渠道。

由于新华社先天的稿源优势，新闻网站积极转发，触发全网二次传播，故而，在整体文章的扩散性方面，新华社优势明显。平均每一篇原创文章，新闻媒体网站转载近34次，全网转发超过445次，整体数据优于央视新闻和人民日报。

表1 三家央媒外宣主题原创报告

媒体	央媒原创	新闻网站转发（一次传播）	全网平台传播（二次传播）	一次扩散系数 一次传播/原创	二次扩散系数 二次传播/原创
新华社	975篇	33070篇	433951篇	33.92	445.08
人民日报	2031篇	9820篇	176463篇	4.84	86.88
央视新闻	795篇	9676篇	323812篇	12.17	407.31

第二部分 影响力

监测数据显示，三家央媒影响深远，成为外宣主题触达人群的重要保障。影响人群和地域趋于一致，年青一代展现出很强的主人翁精神，成为最为关注的群体，全国各地热度趋于均衡，主题影响覆盖整个中国。三家央媒爆款文章频出，影响广泛。

一是三家央媒影响深远，成为外宣主题到达网民的重要保障。

由于微信公众号阅读量的唯一性，可以通过公众阅读量来代表外宣主题的到达人数，每一个阅读量代表外宣主题触达1个网民。数据监测显示，10月20日—11月19日，外宣主题微信公众平台总的阅读量和外宣主题触达网民数量超过1.35亿人次，人民日报、新华社、央视新闻发布的文章在微信公众平台分别产生了超过1900万次、2700万次、2700万次的阅读量。三家央媒阅读总量占比超过54%，成为外宣主题到达网民的重要保障。

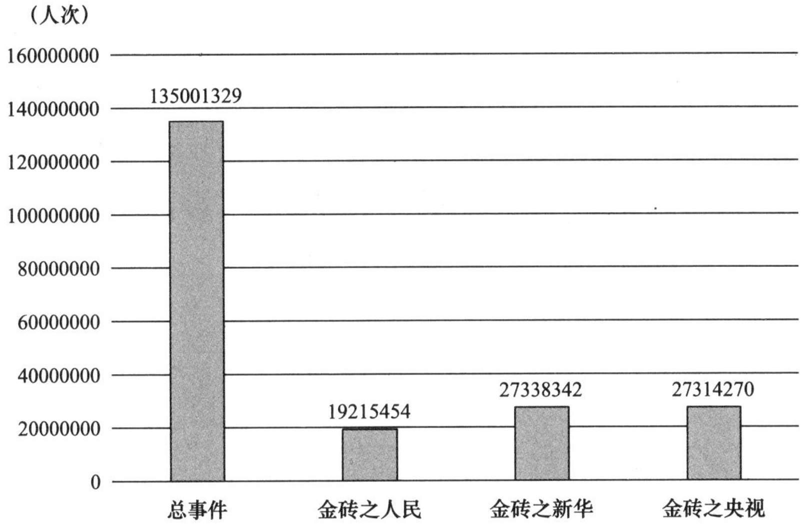

图3 外宣主题微信公众平台阅读量分布情况

二是年青一代展现很强的主人翁精神，成为最关注外宣主题的群体。

通过人群分别趋势数据显示，外宣主题在30岁以下网民群体中传播热度最高，19岁及以下和20—29岁的合计占比超过六成。年青一代成为外宣舆论讨论的主要力量，充分流露出强烈的国家主人翁意识、社会主义事业接班人的责任感。“一带一路”“中国制造2025”等方案振奋人心，为年青一代实现中国梦的愿望提供了科学的指导，激发和凝聚起青年群体的奋进精神。随着时代的进步，青年女性也频繁加入到相关外宣话题中，整体参与度与男性相当。

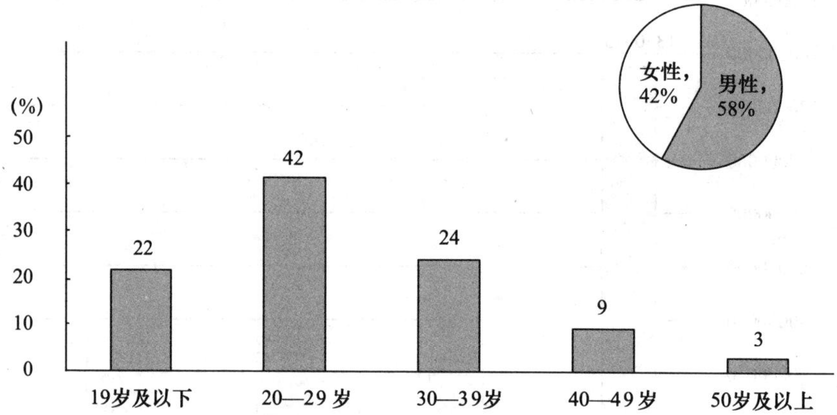

图4 外宣主题参与网民画像

三是外宣主题文章辐射影响全国，各自热度趋于均衡。

基于地域数据显示，外宣主题文章辐射影响全国，各地信息总量分布与人口规模、发展程度等整体呈现高度正相关，各自热度趋于均衡。从最热前十分布来看，既有广东、北京、上海等东部发达省市，也有河南、四川等中西部人口大省，以及金砖主办地福建等省。不同省份地域的舆情信息总量占比差距较小，表明整体宣传力度较为全面。

以金砖会议为例，三家央媒基于地域数据显示，整体传播趋于均衡，传播较热的仍然以广东、北京、上海发达地区以及河南、四川等人口大省和金砖会议主办地福建等省为主。

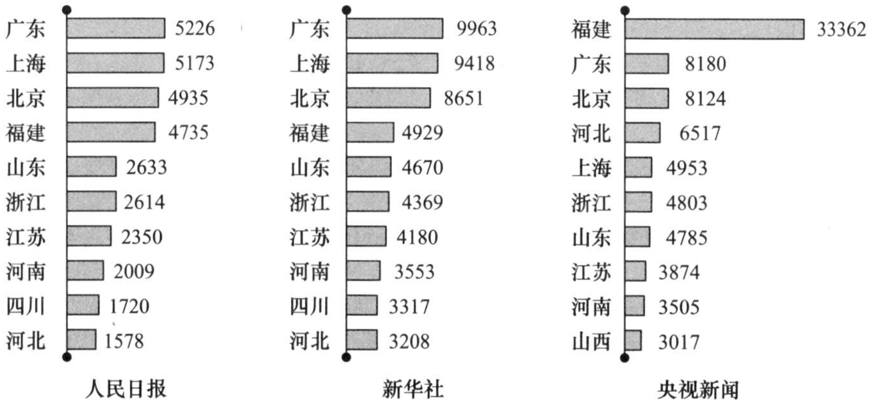

图5　地域热度排行

四是三家央媒文章影响广泛，爆款文章频出。

三家央媒文章立意深远，具有很强的影响力，爆款文章频出。以“一带一路”外宣主题为例，2017 年第四季度，三家央媒主要公众号“人民日报”“央视新闻”“新华社”共发表文章 43 篇，其中爆款文章（阅读量大于 10 万次的文章）有 35 篇，占比近八成，其中人民日报公众号所有文章均为爆款文章，文章影响力凸显。

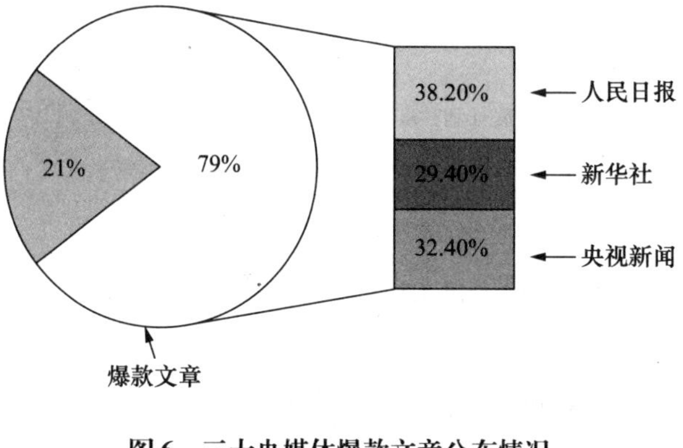

图6　三大央媒体爆款文章分布情况

第三部分 引导力

监测数据显示，三家央媒外宣舆论积极正向，话题分布广泛、多元，引发网民共鸣，网民主动参与和积极互动热情高涨，“一带一路”“中国制造 2025”“大众创业 万众创新”等热词刷屏，中国方案深入人心，国际影响力与日俱增。

一是三家央媒外宣舆论积极正向，话题分布广泛、多元。

监测数据显示，2017 年对外宣传主题，网民整体舆论正向积极。其中，网民对习近平等领导人出访等相关活动高度关注，希望与各国友好稳定发展互利共赢占据舆论主流。整体数据分析，多数网民对中国走出去道路表示认可，点赞中国大国外交战略，盛赞中国对外的“中国智慧”。同时，“一带一路”峰会和厦门“金砖”峰会强有力地展现中国经济崛起。网民纷纷表示，中国已成为支撑世界经济发展的主引擎，在国际政治经济舞台上扮演起日益重要的角色，为提升发展中国家地位做出巨大贡献，为国家繁荣富强由衷感到自豪。

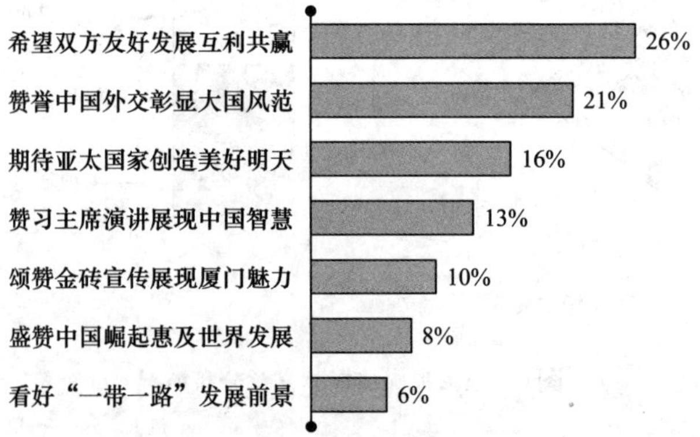

图 7 网民观点分布

二是三家央媒外宣舆论引发网民共鸣，网民主动参与和积极互动热情高涨。

以微信公众平台为例，微信公众账号发布文章获得点赞、评论及被其他微信公号转发分享，反映了该文章话题和内容的兴趣度、认同感等强弱。金砖峰会期间，三大央媒每万次阅读分别产生 207 次转发分享、141 次点赞以及 19 次评论，基本与党的党的十九大正能量宣传数据持平，反映了外宣舆论引发网民共鸣，主动参与和积极互动热情高涨。

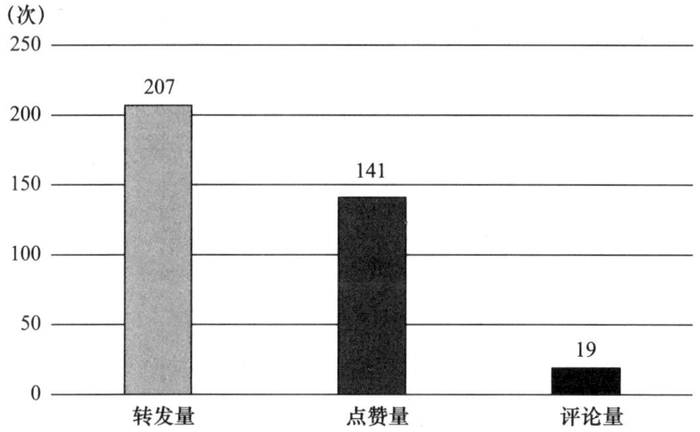

图 8　三大央媒微信平台网民互动情况（每万次阅读）

三是热词形成刷屏效应，中国方案深入人心，国际影响力与日俱增。

三大央媒积极吸纳融合新媒体碎片化特性，通过短词形式进行外宣，进一步提升传播效率。围绕外宣主题，网络舆论场中产生了一大批热词，引发刷屏效应，成为脍炙人口、广为传播的互联网新词汇。

数据监测显示，三大央媒外宣主题的舆论热词包括“一带一路”“金砖会议”“中国制造 2025”“大众创业 万众创新”“人类命运共同体”等。其中，“一带一路”“金砖会议”“中国制造 2025”分别在 145 万条、103 万条以及 39 万条信息中被提及。这些热词有助于“中国方案”的普及。2017 年，“中国方案”被频频写入联合国决议中。3 月，联合国安理会呼吁国际社会通过“一带一路”建设等加强区域经济合作，构建人类命运共同体。5 月，联合国大会通过决议呼吁各国支持大众创业、万众创新，三大央媒整体外宣取得实质效果，彰显了中国举足轻重的国际地位和话语权。

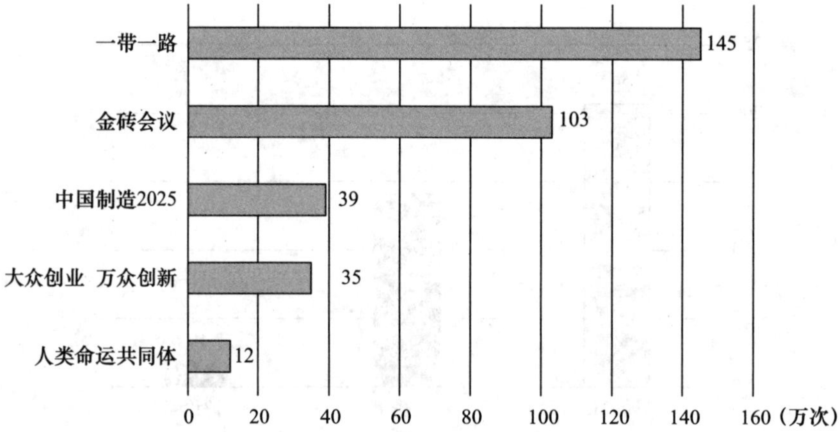

图 10 涉外宣舆论热词 TOP5

中国企业在海外新闻媒体中的形象研究

赵　莹　林坤燕[*]　张荣显[**]

近年来，随着科学技术以及互联网经济的不断发展，中国以科学技术和创新驱动为核心的互联网企业、人工智能行业逐渐进驻海外各国家地区，电子商务和电子支付与移动端的结合，将线上线下支付环境进行了重新整合，互联网企业以阿里巴巴、腾讯，手机行业以华为为首的新兴产业逐渐在海外市场占据份额。而中国国有企业如中石油、中石化等，一如既往以资本优势占据一定地位。中国企业在海外的形象作为中国国家形象的一部分，一定程度上影响着中国国家形象的海外传播效果。作为在海外以产品或服务为核心的中国企业，如何提升中国企业形象是目前国家及业界普遍关注的问题。本文则以中国企业为基本维度，运用大数据技术辅助在线内容分析法，结合网络挖掘及计算机自动分析，探究中国企业在海外新闻媒体中的形象，以期为中国国家形

* 赵莹、林坤燕，博易数据，研究员。

** 张荣显，澳门互联网研究学会会长。

象传播提供参考。

因而本文提出以下研究问题：

1. 海外新闻媒体中所提及的主要企业/品牌及行业为哪些？
2. 海外新闻媒体报道中对中国企业形象的态度为何？
3. 中国企业/品牌、行业与相关态度之间的关系为何？
4. 基于以上几个问题，回答如何提升中国企业的形象。

一 文献综述

（一）国家形象与中国企业形象

关于国家形象的概念，学者分别从政治学、历史文化学和传播学角度为国家形象进行过不同的定义，例如有学者认为，国家形象被定义为“综合认知、情感和意动的三个维度”①，即受众对国家的信赖、感知和基于某些情绪态度所采取的行为取向②。本研究主要采用国家形象的国际传播学的定义，即“国家形象是一个国家在国际新闻流动中所形成的形象，或者说是一个国家在他国新闻媒体的新闻言论报道中所呈现的形象”③。国家形象的基本元素有国家本身、国民、产品、政府、企业、

① Laroche, Michel, Nicolas Papadopoulos, Louise A. Heslop, and Mehdi Mourali. The Influence of Country Image Structure on Consumer Evaluations of Foreign Products [J]. International Marketing Review, 2005, 22 (1): 96 – 115.

② Ajzen, Icek. “Attitude Structure and Behavior,” in Attitude Structure and Function [M], A. R. Pratkanis, S. J. Breckler, and A. G. Greenwald, eds. Hillsdale, NJ: Lawrence Erlbaum Associates, 1989: 241 – 274.

③ 徐小鸽：《国际新闻传播中的国家形象问题》，《新闻与传播研究》1996 年第 2 期。

文化、景观、舆论等①②。

企业形象是国家形象的组成部分，也是国家形象的重要塑造者。企业形象是“公众对一个企业的综合评判和总体印象”③。一般来说，积极的国家形象可以为其企业在国际环境中取得竞争力，即国家形象与其对企业形象的影响有着正相关的关系④⑤⑥；另一方面，企业形象也影响着国家形象⑦，企业海外形象是国家形象的基础，是海外受众可直接感知的中国形象。2015 年 3 月，国务院总理李克强在全国两会上作《政府工作报告》时首次提出“中国制造 2025”的宏大计划，即在新的国际国内环境下，中国政府立足于国际产业变革大势，做出的全面提升中国制造业发展质量和水平的重大战略部署⑧。中国企业在海外除了以大型能源、基建、电信、航

① Papadopoulos, N. , El Banna, A. , Murphy, S. A. Old Country Passions: An International Examination of Country Image, Animosity, and Affinity Among Ethnic Consumers [J] . Journal Of International Marketing, 2017, 25 (3): 61 – 82.

② 范红、胡钰:《论国家形象建设的概念、要素与维度》,《人民论坛 · 学术前沿》2016 年第 4 期。

③ 王曼:《论企业形象的基本内涵》,《行政论坛》1997 年第 5 期；喻金田、窦泽文、阳攀登等:《企业形象的模糊评价》,《科技进步与对策》2004 年第 21 卷第 11 期。

④ Balabanis, George, Adamantios Diamantopoulos. Gains and Losses from the Misperception of Brand Origin: The Role of Brand Strength and Country-of-Origin Image [J] . Journal of International Marketing, 2011, 19 (2): 95 – 116.

⑤ Johansson J. K. , Ronkainen I. A. , Czinkota M. R. Negative Country-of-Origin Effects: The Case of the New Russia [J] . Journal of International Business Studies, 1994, 25 (1): 157 – 176.

⑥ Magnusson P. , Krishnan V. , Westjohn S. A. , et al. The spillover effects of prototype brand transgressions on country image and related brands [J] . Journal of International Marketing, 2014, 22 (1): 21 – 38.

⑦ Liefeld J. Experiments on Country-of-Origin Effects: Review and Meta-Analysis of Effect Size [M] // Prdouct and Country Images, 1993 (1): 1, 17 – 56.

⑧ 张莉:《解读〈中国制造 2025〉》,《今日中国》2015 年第 7 期。

运、金融为代表的大型国企（央企）以及以耐用消费品和初、中级工业产品为主要领域的民企外，近年来随着互联网技术的发展，电子商务、共享经济以及大型互联网公司如百度、腾讯、阿里巴巴和新浪，以及技术创新的大疆无人机、华为、小米系列产品等也不断地在海外占据一定份额①。因此，本研究从国家形象的主要认知维度当中的企业维度来研究中国企业的海外形象。

（二）中国企业形象的研究综述

目前针对中国企业形象的研究既有基于文本的分析，也有通过问卷调查的量化研究。中国外文局对外传播研究中心课题组②③④通过问卷调查针对不同国家的当地居民进行访问，以调查中国经济、企业和产品的形象，以期呈现中国企业在海外地区的发展图景。从调查结果可知，海外民众对中国企业的积极印象主要集中在资金投入、促进当地就业机会、带来先进的技术和创造税收收入方面；消极作用主要集中在对当地企业造成的威胁、争夺当地优势资源、打破原有产业链以及破坏当地生态环境方面。即肯定中国企业对当地的经济贡献，但对企业整体印象不尽如人意。最后针对中国企业提升海外形象方面提出融入当地社会、增强社会责任和宣传力度三方面建议。另外，中国产品的形象也影响着中国企业形象，提出提升

① 贾敏：《中国企业海外形象再创造：观察与案例》，《对外传播》2015 年第 6 期。

② 中国外文局对外传播研究中心课题组、于运全、翟慧霞：《2014 中国企业海外形象调查报告》，《对外传播》2014 年第 10 期。

③ 中国外文局对外传播研究中心课题组、翟慧霞、黄传斌：《2016 年度中国企业海外形象调查分析报告》，《对外传播》2016 年第 11 期。

④ 张岩：《中国央企海外形象调查报告（2015“一带一路”版）》在北京发布，《对外传播》2016 年第 1 期。

产品形象是改善企业形象的有效手段。

此外，企业或国家形象在媒体报道中的研究多运用内容分析法，如针对国际主流媒体新闻报道中关于中国企业的内容分析①，也有针对特定媒体如《泰晤士报》中的关于中国国家形象报道的内容分析，以标题中的“中国（China）”作为关键词检索相关报道，从经济、政治、社会、文化四个方面研究报道中的中国国家形象②。

最近有研究运用内容分析法结合文本分析，从信息来源、产品品类、影响产品的评价研究中国制造在海外社交媒体上的形象③，但此研究的样本仅选择了三个月中的三天数据，媒介渠道单一，信息未能实现更全面的覆盖。因而需要通过挖掘海量大数据研究受众对特定议题的情绪和感知，以实现信息的覆盖度，研究结果才能更加全面、客观。

本课题则研究受众的主要信息来源——传统媒体，抓取近半年的最新数据，在关键词设置方面尽可能实现信息最大覆盖度，从方法创新的角度，以大数据技术辅助在线内容分析法，参考对企业维度中的企业形象、服务形象、社会责任形象等方面，细化到具体的行业、企业，主要从海外主流媒体报道中对企业的情绪态度以及态度所指的具体面向来看中国企业的海外形象，以期为中国国家形象的研究方法提供探索性参考。

---

① 林如鹏、刘佩：《“一带一路”愿景下中国企业海外形象传播的危机沟通策略》，《南京社会科学》2015 年第 7 期。

② 相德宝：《英国媒介中的中国国家形象——对〈泰晤士报〉的实证研究》，《对外传播》2006 年第 9 期。

③ 张敏、宣长春、林升栋：《中国制造在海外社交媒体上的形象研究——基于 Twitter 上的数据》，《现代传播（中国传媒大学学报）》2016 年第 38 卷第 5 期。

二 研究方法

（一）大数据辅助内容分析法

内容分析法是对传播内容进行分析研究的过程中，一种以客观的、系统的、定量的方式测量变量的研究方法，将文本或其他形式的符号进行编码、分类、语义判断及形成可供统计分析之用的研究方法[①]。本研究在研究方法上创新，采用大数据技术辅助网络内容挖掘与分析的研究方法，即人工在线实时内容分析法，在传统内容分析法基础上加上语义机器学习模型并改进流程的操作，在改善运作效率并提高数据及编码的质量的同时，更深入地研究变量间的相关关系。

本研究运用博易数据挖掘平台 DivoMiner 采集和处理分析数据，挖掘海外英文新闻媒体中从 2017 年 4 月 1 日至 2017 年 9 月 30 日期间关于中国企业的新闻报道作为总体数据，共来自海外 264 家新闻媒体中的 9238 篇报道，分析总体数据中关于中国企业的整体概貌，进行机器自动化编码，并从总体数据中抽取部分样本（100 篇）结合人工在线编码，进行量化之内容分析，深入挖掘各变量之间的差异和关系。该平台提供多种研究质量保证的机制，例如多个数据库的数据清洗流程、编码员间信度的前测方法、可在线随时监管编码员效率和编码准确度的绩效监督机制，透过一体化的舆情监测和分析流程，力图达到高效、

① Kerlinger，F. N. Foundations of behavioral research（2nd ed.）［M］. New York：Holt，Rinehart and Winston. 1974，34（3）：721 -724.

准确、广度和深度并重①。根据霍尔斯蒂指数②所得出的最终编码员之间信度结果为0.97，显示信度优异。

研究流程如下：

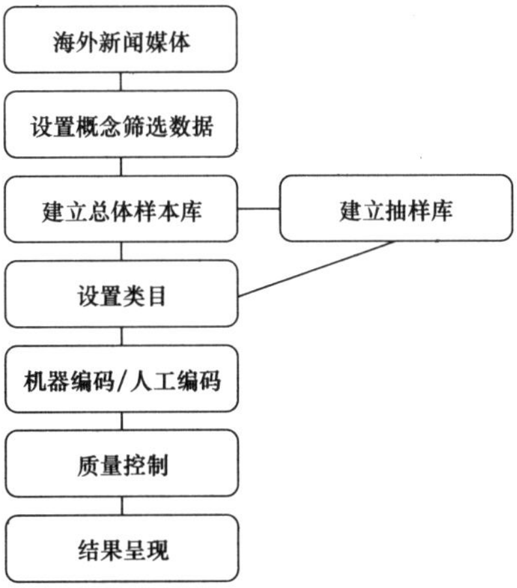

图1 研究流程

（二）类目构建与信度

内容分析法主要是对传播过程中所涉及的主体、内容以及态度等进行处理。其类目构建是从“说了什么”和“怎么说”两个方向来进行设置③。其中“说了什么”的类目包括传播主体、传播内

① 张荣显、曹文鸳：《网络舆情研究新路径：大数据技术辅助网络内容挖掘与分析》，《汕头大学学报》（人文社会科学版）2016年第32卷第8期。

② Holsti O R. Content Analysis for the Social Sciences and Humanities [M] // Content analysis for the social sciences and humanities. Addison-Wesley Pub. Co. 1969：137 - 141.

③ Berelson, B. Content analysis in communications research [M]. New York: Hafner. 1952：149 - 162.

容，而“怎么说”的类目包括态度和评价。因此，本研究的类目设置基于以上的构建思路，观察海外英文媒体对中国企业的报道，将企业名称、所属行业、报道主题、媒体报道的正面与负面表达以及建议设置为类目。另外，从对中国企业的整体态度来构建“怎么说”类目，进一步探索中国企业在海外新闻媒体中的形象。不仅观察到海外媒体的整体态度，而且通过类目设置实现对不同态度所指面向的分析，得出媒体对中国企业的态度及不同态度所指面向的具体内容。

本研究共设置 7 个主要类目，分别为（详细信息见附录）：

1. 对中国企业的整体态度
2. 提及企业/品牌名称
3. 提及行业类型
4. 提及主体
5. 中国企业形象—正面表达所指面向
6. 中国企业形象—负面表达所指面向
7. 建议

三 研究发现

本研究聚焦海外传统媒体，将中国制造的形象研究延伸至中国企业的形象研究，通过对中国企业具体的企业名称、行业类型、报道主题、媒体报道的正负面表达、整体态度以及建议等方面，探究中国企业在海外媒体中的形象，进而为中国国家形象研究提供研究方法和研究面向的参考。

（一）提及的企业/品牌及行业

海外媒体中相关内容，以提及企业/品牌以阿里巴巴（15.2%）为最多，其次是腾讯（10.7%），新浪（8.5%）、华为（8.3%）、百度（5.3%）、中国银行（4.5%）等提及也较多。

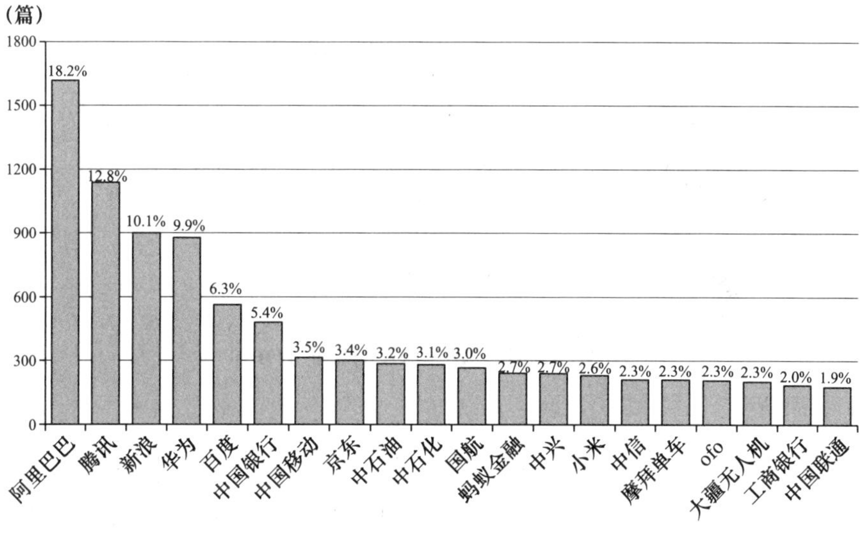

图 2　海外新闻媒体提及的企业/品牌 TOP20

海外新闻媒体提及行业以手机（18.8%）、互联网软件/应用（18.0%）为最多，其次为电子商务（10.5%）、银行/金融/电子支付（8.8%）、资源（8.5%）。

数据结果显示海外新闻媒体提及的企业/品牌以互联网软件/应用行业居多，如阿里巴巴和腾讯，但提及最多的行业却是手机，互联网软件/应用则位居其后，大多提及的互联网软件/应用、电子商务、电子支付行业均会提及手机行业，可见互联网行业与移动终端设备——手机具有密不可分的联系，尤其是智能手机设备在互联网

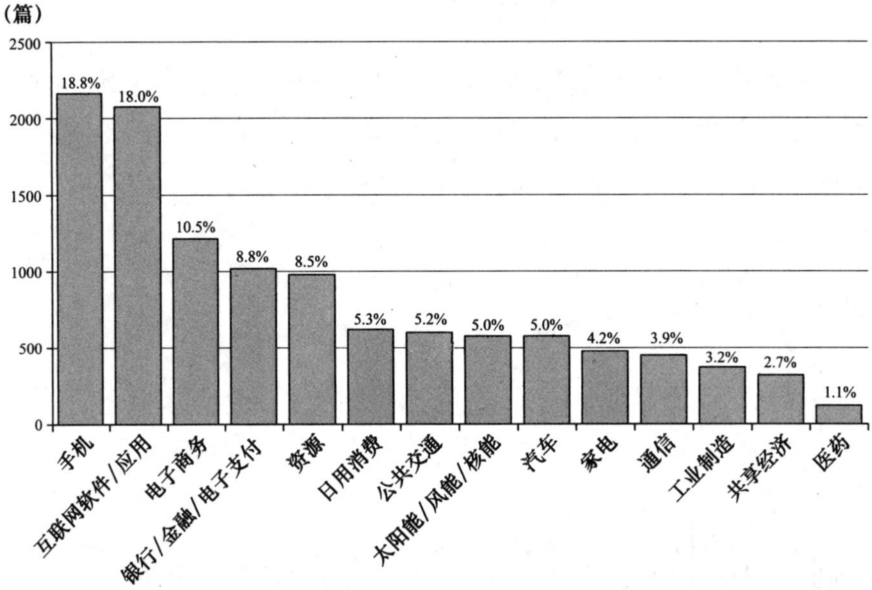

图3 海外新闻媒体提及的行业TOP10

行业中的广泛应用。智能手机中的安卓系统，如中国制造的华为手机和韩国三星手机，以及苹果手机的IOS系统被广泛关注。此外，媒体大量报道苹果及三星等国际知名手机品牌的销售份额持续被中国手机品牌制造商压制，甚至有报道形容韩国三星智能手机的销售在华为、小米和OPPO的夹击中“屡受重创”，也有报道将华为定义为“全球电信业界的领导者”。

（二）海外新闻媒体对中国企业的报道主题

海外新闻媒体主要针对中国企业如中石油和中石化的资本运作、法律争议和国际关系方面进行报道。如中国企业在海外国家的市场占有率，对假冒伪劣产品的打击方面引起的法律争议，以及中

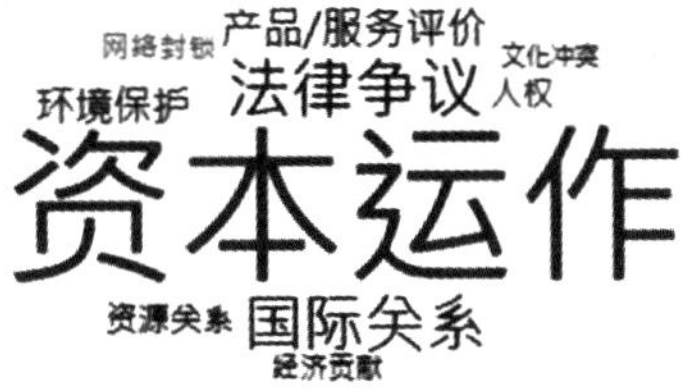

图4 海外新闻媒体针对中国企业的报道主题词云图

国与美国、韩国、印度等国家的贸易往来对国际关系方面的影响等。另外也涉及中国制造的产品/服务的评价，中国企业对当地的环境保护方面的影响，企业与当地的资源关系，人权问题，中国政府所实施的网络封锁，中国企业对当地的经济贡献以及中国文化与当地文化所产生的文化冲突方面。

（三）对中国企业形象的态度及正负面表达

对中国企业的整体态度以客观中立为主，占比60.0%；正面/支持态度（19.0%）远高于负面/反对态度（6.0%）。

对中国企业形象的表达中，具有创新性（40.8%）和技术先进（29.3%）是提及最多的正面表达，其次是产品/服务物美价廉（10.6%）、资金投入（9.2%）和促进当地就业（8.5%）。中国在海外媒体中逐渐成为“创新强国”（Innovation Powerhouse），尤其是大疆无人机、以阿里巴巴为首的互联网软件/应用和移动电子支付等具有创新性的先进技术产品和服务受到了认可。中国政府也在通过刺激大众创新，为中国企业提供发展空间，尤其是在人工智能方面的发展取得了长足的进步。中国企业在语音和图像识别方面具有很大的突破，为智能机器人的制造提供了技术支持。此外，共享单车如摩拜单车、ofo等在国外以便捷、环保和物美价廉受到好评，海外媒体对于如此低廉的价格就可以租用到自行车表示赞许。可见，中国企业在海外媒体中的形象，主要以具创新性和技术先进为核心的正面形象。

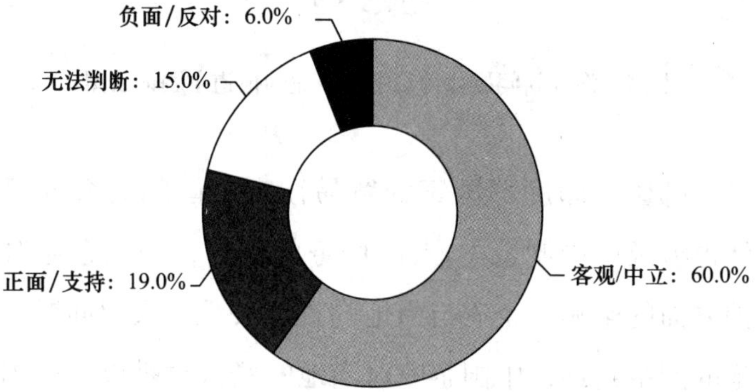

图5 海外新闻媒体对中国企业的整体态度

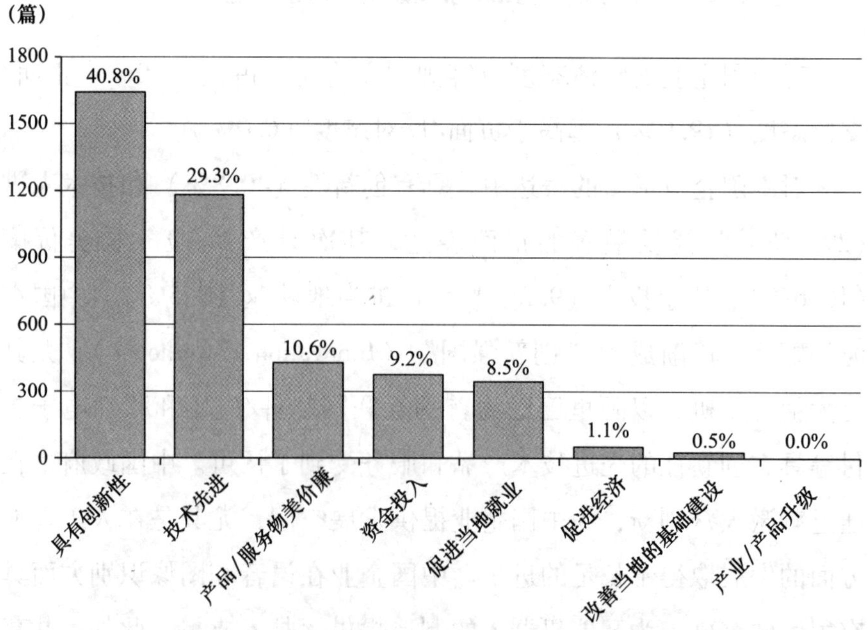

图6 海外新闻媒体对中国企业形象的正面表达

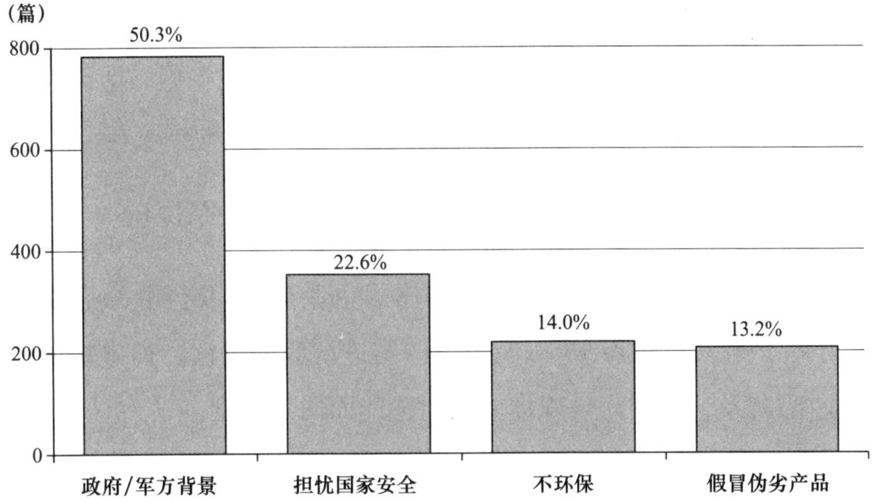

图7　海外新闻媒体对中国企业形象的负面表达

负面表达依次为中国企业的政府/军方背景（50.3%）、担忧国家安全（22.6%）、不环保（14.0%）和假冒伪劣产品（13.2%）。海外媒体较为关注中国与其在贸易中存在的歧视现象，表示外国企业在中国做生意难度增大，尤其是对外国企业过多的监管制度，以及对具有政府/军方背景的国有企业的扶持和照顾，如中国银行多支持大型企业客户，如国有企业和房地产行业，而在数量上日益增长的中产阶级则未从中得到足够的服务和支持，认为中国的公共外交政策与中国的改革发展不相吻合。数据结果显示，对于阿里巴巴等互联网企业，负面表达集中在政府/军方背景上，有报道称阿里巴巴集团表示收购《南华早报》的初衷是希望改善中国形象，海外媒体对这种收购媒体来进行政府或国家宣传的行为表示反感。因此有部分报道对被阿里巴巴收购后的《南华早报》能否保持新闻报道的客观中立持怀疑态度，也有报道认为阿里巴巴的行为代表了中国政府的态度和想法。

此外，在涉及国家安全方面，主要是企业跨境收购过程所涉及的国家安全问题，以及国家安全立法对外资企业的影响。如中国商务部针对敏感行业的国外投资进行安全检查，以保障国家安全。

（四）中国企业/品牌、行业与态度之间的关系探析

本部分通过海外媒体对中国具体的企业/品牌及行业的态度进行交叉分析，从数据结果以及数据内容进行双向解读，得出具体的企业/品牌及行业在海外媒体中被讨论的面向和态度。

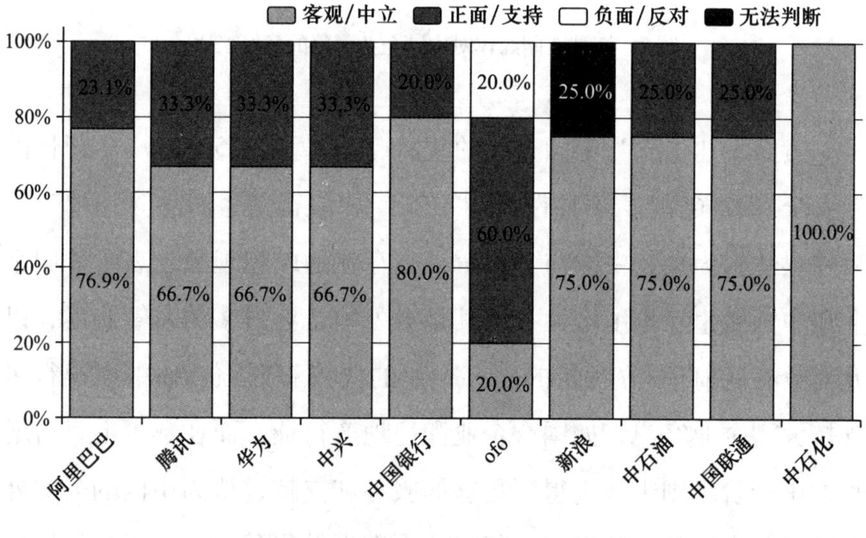

图 8 海外新闻媒体所提及企业/品牌 TOP10 与对中国企业整体态度的交叉分析

对被提及的前十位中国企业/品牌，大部分以中立态度为主，正面态度在二三成，对中石化的态度全部为中立。肯定阿里巴巴、腾讯在互联网创新的电子支付方面取得的成绩，对华为、中兴等中

国制造的手机品牌表示认可。

其中，对共享单车的态度比较多元化，正面态度超过一半，占六成，负面态度占两成。中国当前的分享经济涵盖了广泛的领域，并逐渐影响着全球经济的发展，从自行车、汽车、伞到生活空间和工作空间，甚至知识、技能和劳动均被涵盖在分享经济范围。其中对于 Airbnb 来说，中国已经成为全球增长最快的市场。最具影响力的共享单车逐渐进入英国、新加坡、泰国、马来西亚、日本和意大利等海外市场，并占据一定市场份额。创意、科技和设计的结合，使共享单车在海外市场具有吸引力。负面态度集中于对共享单车的兴起，各类单车质量不一，不符合技术标准的单车大量涌现，待维修的残次品单车堆积如山。另外也存在易燃电池和污染问题。可见共享单车的发展，在具有便捷性和优势性的同时，也产生了一系列亟待解决的问题。

对被提及的前十个行业，大多以中立态度为主。互联网行业的中立态度接近九成，手机、电子支付、电子商务和资源行业均有两成左右为正面态度。对手机、电子商务、日用消费、共享经济行业的态度较为多元化，均有一成左右为负面态度。一方面，中国企业在技术方面取得的进步为经济发展创造了条件；另一方面，海外媒体对于中国企业所创造的就业岗位是否足以抵消其他领域的损失表示怀疑。也有海外企业对其因中国劳动力成本上升而受到了负面影响存有抱怨，从而对中国在制造业方面的发展持有负面态度。

对手机和电子商务的正面态度均为两成左右；对日用消费的正面态度较多，超过三成。随着华为、中兴、阿里巴巴、京东等科技公司逐渐发展起来，中国的线上消费市场和智能手机的应用在海外市场逐渐兴盛，海外媒体对中国的手机和电子商务方面持认同态

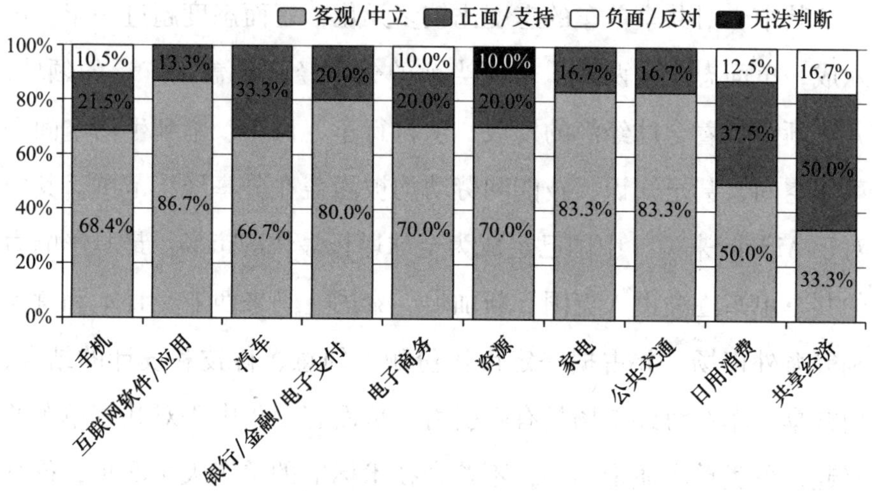

图9　海外新闻媒体所提及行业 TOP10 与对中国企业整体态度的交叉分析

度，对中国电子商务领域的长足发展抱有期待。

对共享经济的正面态度则为五成，对中国企业共享经济的发展推动全球经济发展做出的贡献表示认可，尤其是由共享经济发展起来的公共交通行业如滴滴打车、共享单车等，节能环保，也减少了消费者的交通出行成本。同时，共享经济也在改变着全球的支付环境。全球或中国的共享经济远未达到其上限，而且仍处于起步阶段，或者正在转向快速增长阶段，制造业、农业、教育和养老领域将具有巨大的市场规模和发展潜力，这将成为下一波分享经济浪潮的前沿阵地①，海外媒体对共享经济的发展持有积极的态度。

① China's sharing economy could drive global growth. China Daily | AFRICA - Technology. 2017 - 08 - 14.

（五）提升中国企业的形象之建议

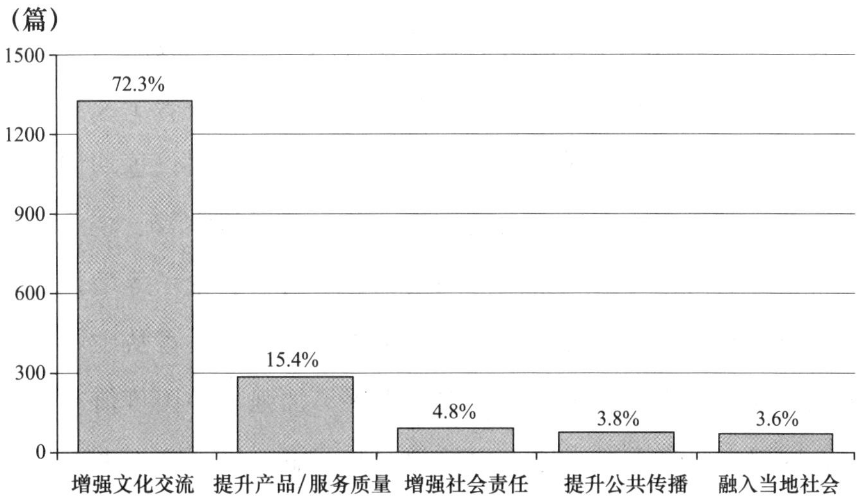

图10　海外新闻媒体对提升中国企业形象之建议

检视海外新闻媒体中对中国企业形象所提出的建议，数据结果发现增强文化交流方面提及最多，超过七成；其次为提升产品/服务质量（15.4%）；而增强社会责任、提升公共传播和融入当地社会方面均不到一成。可见中国企业对增强社会责任、提升公共传播以及融入当地社会等方面较为重视，做得较好。我国为推动企业履行社会责任的实践，由国家质检总局和国家标准委联合发布的《社会责任指南》《社会责任报告编写指南》《社会责任绩效分类指引》等社会责任国标正式实施，还有鼓励企业积极参与慈善事业的政策文件也陆续出台，将鼓励企业实践社会责任提升至方针政策层面。而中国企业多年来在海外一直重视与当地居民建立更好的关系，并进行整合，吸纳当地居民就业，以及对当地基础设施建设方面所做出的贡献。个别企业如阿里巴巴配合并参与当地打击假冒伪劣产品的行动计划。

在增强文化交流方面呼声较高，中国文化与海外国家文化的冲突一直是中国对外传播所面临的核心问题。中国政府与黎巴嫩政府签署了文化协议的执行计划，与突尼斯政府签署了文化中心的互惠协议以及与土耳其政府签署了文化中心的协议等均体现了中国政府对于文化交流方面的重视。此外，通过学校、企业或行业协会等机构进行文化交流访问活动、研讨会、论坛等增强文化交流也是必要的。针对中国文化走出去、融进去，可从中国传统文化、武术文化、戏曲文化等方面入手，加强对中国价值观的传播，同时也要注重对当地文化的学习和了解，以达到二者有效融合的效果。

中国企业在海外的核心形象即为产品/服务质量，通过对产品/服务质量的体验是海外受众对中国企业最直观的感知途径。因而，提升产品/服务质量，增强消费者体验，以技术为核心，产品或服务质量为导向，才是提升中国企业形象的根本所在，如大疆无人机的高质量成像技术。中国中车股份有限公司不再仅仅以有竞争力的价格赢得这些交易，而且还拥有高技术标准和商业解决方案，并拥有全球最先进的制造设施之一作为海外市场的核心竞争力。

四 结论与讨论

阿里巴巴、腾讯和百度等互联网企业，以及华为这样的知名手机品牌在海外媒体的报道量较多。整体上，海外媒体对中国企业的态度以中立为主，正面态度远高于负面态度。正面态度较多针对手机行业，国内手机品牌领先的华为，是中国第一家生产芯片智能手机的制造公司，打破了美国处理器制造商的垄断地位，较多报道评价其技术先进、具有创新性。负面态度较少，主要涉及对中国企业的政府或军方背景的担忧。基于研究发现，本文提出从三方面建构并提升中国企业形象。

（一）以经济发展为主的资本运作为主要关注点

报道主题最为关注的是资本运作，即在发展国际关系和平衡法律争议问题的基础上，主要以经济发展为主要关注点。中国企业对海外地区或国家的经济影响最被关注，尤其是大的企业财团，如中石油、中石化等国有企业，对海外地区的经济发展具有重大的影响，因而，中国企业的海外形象建构要在寻求企业自身盈利与发展的基础上，评估对海外国家或地区的经济影响，这是从宏观层面上对中国企业形象建构的重要因素之一。

（二）以技术和创新为导向，兼顾发展过程中出现的问题

中国企业在技术和创新方面广受认可，尤其是以共享经济和

人工智能领域的发展，相关企业项目在进驻海外各国家地区并取得良好效果的同时，也要关注其带来的问题，如不同国家地区对中国政府介入的质疑、企业间合作并购所产生的影响、廉价便捷的共享单车所产生的市场乱象和环境污染、国家监管制度以及资源分配不均和贸易不公平的问题。中国企业在不断突破创新和技术能力的同时，也要关注各个方面带来的影响和海外各地区所关注的问题。

（三）以提升产品/服务质量为核心支撑中国企业形象

海外市场中的“中国制造”占比在近年来明显上升，在影响产品的评价因素上，消费者更容易受到产品质量等内在因素的影响。无论在传统的通信科技方面，或是新兴的创新科技方面，产品或服务的质量都是企业形象的根本因素，消费者对产品或服务的体验是对中国企业形象感知的最直观途径。因而，需以提升产品或服务的质量为核心，提升消费者体验，进而提升海外受众对中国企业的认知和好感度。这方面是对中国企业最根本的要求，也是中国企业所面临的最大考验。

在某种程度上，企业的海外形象是国家形象的基础，在商业领域中，企业在海外发展受到国家形象的影响①。如果负面消息较多，将严重影响、阻碍中国企业在海外市场的发展和在当地社会的评价。企业一定程度上体现了国家综合国力，中国企业要走出去，更要融进去，即出国门和落地融入海外环境同样至关重要。中国企业海外形象传播作为国家形象传播的载体，也是外界了解中国国家形

① Johansson J. K., Ronkainen I. A., Czinkota M. R. Negative Country-of-Origin Effects: The Case of the New Russia [J]. Journal of International Business Studies, 1994, 25 (1): 157-176.

象的窗口。

通过对“中国制造”的产品或服务质量的提升、对技术和创新的不断突破，在关注整体全球化经济发展的同时，兼顾中国企业在海外发展过程中的种种问题，在提升的同时不断修正发展过程中存在的问题，向世界传达中国和平崛起的声音，对提高中国话语权，建立良好的国家形象有积极的作用。

本研究以大数据技术辅助在线内容分析法，结合网络挖掘技术，在优化数据的覆盖度、测量和解释三方面，从中国企业的报道主题，具体的企业、行业以及媒体所表达的情绪态度方面，探究中国企业在海外媒体中的形象。未来可从企业所涉及的企业家形象、服务形象、社会责任形象、企业标识和企业文化等其他维度尝试，或从政府、文化、景观、国民、舆论的维度探究中国国家形象，以期为国家形象研究提供新的研究路径参考。

附录（类目信息表）

<table>
<tr><th>对中国企业的整体态度</th><th>提及企业/品牌名称</th><th>提及行业类型</th><th>报道主题</th><th>中国企业形象——正面表达</th><th>中国企业形象——负面表达</th><th>建议</th></tr>
<tr><td>正面/支持</td><td rowspan="2">华为、腾讯、阿里巴巴、大疆无人机、百度、新浪、中国银行、蚂蚁金融、中石化、中国人寿、海尔</td><td>手机</td><td>劳务关系</td><td>促进经济</td><td>对当地企业生存有所冲击</td><td>增强文化交流</td></tr>
<tr><td>客观/中立</td><td>太阳能/风能/核能</td><td>法律争议</td><td>促进当地就业</td><td>打破当地原有的产业链平衡</td><td>提升产品/服务质量</td></tr>
</table>

续表

对中国企业的整体态度	提及企业/品牌名称	提及行业类型	报道主题	中国企业形象——正面表达	中国企业形象——负面表达	建议
负面/反对	国家电网、工商银行、中国一汽、中国移动、中石油、联想集团、中粮、茅台、青岛啤酒、国航、五粮液、中信、雪花啤酒、农业银行、交通银行、高铁/中国中车、中国联通、南航、中国电信、中兴、美的集团、格力电器、TCL、ofo、摩拜单车、饿了吗、中央电视台、京东、爱奇艺、OPPO、VIVO、小米、福耀玻璃、民生银行、建设银行、中海油、上海汽车、其他［开放项］	银行/金融/电子支付	产品/服务评价	产品/服务物美价廉	公关危机	增强社会责任
无法判断		汽车	资源关系	资金投入	责任感低	提升公共传播
		家电	环境保护	技术先进	产品/服务质量不佳	融入当地社会
		电子商务	文化冲突	改善当地的基础建设	假冒伪劣产品	
		互联网软件/应用	资本运作	具有创新性	政府/军方背景	
		资源	经济贡献	产业/产品升级	担忧国家安全	
		共享经济	人权	其他［开放项］	不环保	
		日用消费	国际关系		其他［开放项］	
		通信	网络封锁			
		公共交通	其他［开放项］			
		医药				
		工业制造				
		其他［开放项］				

关键词：China、Chinese、Mainland、Beijing、Shanghai、Guangdong、Shenzhen。

英美涉华舆情与媒体报道的变化

刘雅文*

在提升国际地位，塑造国际形象方面，除了不断提升传播硬实力外，软实力的建设也至关重要。然而，西方国家尤其是英国和美国两个老牌强国，以其发达的媒介技术和深厚的传播力、强大的经济实力和影响力始终在国际舆论引导中占据着重要位置。英国和美国两国媒体报道的内容深刻地影响着西方公众对国际事务的认知和态度。美国有学者认为，若《纽约时报》报道了某个事件，那么可信度就会非常高，常会成为世界上其他国家报纸和新闻社的新闻来源。其他美国媒体的记者们都是从《纽约时报》记者的“肩膀上”往下看他们如何写导语，并学以用之。① 与之类似，在英国，《泰晤士报》一直被国际上看作对英国以及全世界包括经济、政治、社会方面有着重大影响的报纸。中国近年来

---

* 中国社会科学院研究生院新闻学与传播学系硕士研究生。

① ［美］沃纳·塞弗林、小詹姆斯·坦卡德：《传播理论：起源、方法与应用》，郭镇之等译，华夏出版社 1999 年版，第 264 页。

的飞速发展引起了国际社会的强烈关注，英美两国媒体也高度关注中国的发展，它们的主流媒体塑造的中国形象始终是我国国际传播和对外传播实证研究的热点课题。与此同时，新媒体技术的发展以迅猛之势撼动着媒介格局，公众获取信息的渠道不再局限于传统媒体。国外网络新媒体中“中国”的呈现，对我国在新媒体时代制定与时俱进的国际传播战略以及构建国际形象而言意义重大。

一 英美两国主流媒体的对华报道

过去很长一段时间，由于意识形态、价值观以及一些“共有知识”方面的矛盾，英美媒体对有关中国议题的报道表现得并不那么友好，我国的总体形象在英美两国媒体的报道下也偏向于负面和消极。中国形象在其修辞陷阱中被错误地构建成落后而消极的。事实上，无论英美两国媒体，甚至是整个西方，在报道涉华新闻时，都因偏见而表现出了一定程度上的误解，他们习惯于使用单一的历史面向和单一的解释框架对中国各个方面进行报道和解读，即使是一些声称平衡、客观、中立的媒体，也难掩其中稍显恶意的揣测。

中国的快速崛起引起了西方各国的强烈关注，中国日益强大的经济吸引力、不断提升的国际地位和国际影响力不仅使西方媒体加大了对中国的报道量，也让西方媒体在解读中国议题的态度和评价发生了一些改变。与此同时，信息传播技术的发展也使中国的消息更多元、更直接地传向世界，为西方公众呈现了相对过去而言更立体的中国，英美两国媒体对中国的解读也开始趋向多维。

英美两国的主流媒体都已将 China 放在报道和解读的重要位置。然而，在中国的综合国力不断增强的同时，英美两国的媒体在表示认可中国发展成果的同时也从字里行间中透露出了一些质疑。随着中国的崛起，美国的“意外”总统特朗普的上任，中美关系成为世界关注的焦点，占据西方媒体中国政治议题的主要版面。在经济方面，英美媒体对中国的经济表现出了极大的兴趣和关注，尤其是脱欧后的英国，经济方面稍显疲软，对中国蒸蒸日上的经济状况表现出了强烈的关注。在社会管理、文化建设等方面，中国独特的网络现象和猛烈的网络狂欢也成为西方媒体探索当下中国文化的重要入口。

表 1　　2015—2017 年英美媒体涉华报道十大热点事件/话题

序号	2017 年（上半年）①	2016 年②	2015 年③
1	美韩部署“萨德”事件	两会与“十三五”	中国股市波动
2	南海争端	六中全会	习近平访美
3	2017 年两会	领导人出访	抗战胜利 70 周年
4	“习特会”	G20 峰会	美军舰强闯南沙岛礁附近海域
5	习近平出席达沃斯论坛	宏观经济形势	G20 峰会与 APEC 峰会
6	首艘国产航母下水	供给侧结构性改革	习近平出席巴黎气候大会
7	李克强访澳大利亚和新西兰	一带一路	十八届五中全会及“十三五规划”
8	2017 年香港特首选举	中美、中俄领导会晤	TPP 达成框架协议
9	中国国产大飞机 C919 首飞	南海仲裁	国际反恐
10	“一带一路”合作高峰论坛	朝核问题	天津大爆炸

① 数据来自刘珊、李思明、郝艳《西方十大媒体 2017 年涉华报道研究》，《海外舆情研究》，http://mp.weixin.qq.com/s/Vz0y_EFtUD7XbH_U0zMYiw，2017 年 7 月 6 日。

② 资料来自李占英《2016 境外涉华舆论热点分析与启示》，《对外传播》2016 年第 12 期。

③ 数据来自 Factivate 数据检索库。

（一）政治议题

国际政治局势风云变幻，中国与其他国家的关系成为国际政治的重要课题。中美关系与中国在国际事务中的角色问题成为英美两国媒体涉华政治报道的焦点。

由于美国大部分主流媒体对特朗普的上任嗤之以鼻以及中国实力的增强，美国媒体在报道中美关系时，情绪复杂，有对特朗普的抨击，也有对美国的担忧，更有对中国“觊觎霸主地位”的警惕。在英国《卫报》的涉华报道中，“中国”“特朗普”“商定”以及“结盟”是依次出现频率最高的关键词，中美关系、贸易以及相关的政治结盟方面的题材是《卫报》涉华报道的焦点。英国媒体对待中国的崛起，一直以来都能比较平静地注视，对中美关系的关注也是在考量美国对中国的相关政策是否会对英国的发展造成影响。但在一些争议较大或是涉及意识形态的事件中，也难免会受到“中国威胁论”的影响。

中国崛起后同美国的关系走向成为英美两国甚至整个西方最为关注的问题，在西方国家的视角中，中国已成为一个超级大国，在国际事务和国际政治、经济发展方面的影响力也逐渐增强，甚至对美国也将造成威胁。

（二）经济议题

中国的经济发展越来越牵动着英美两国媒体的注意力。中国经济在全球范围内的影响力日益加大，中国经济的总体情况、中外贸易、经济政策成为英美媒体涉华报道的焦点。有学者研究发现，2017 年上半年，英美两国主流媒体报道数量最多的两个话题是

“中国的工商业”与“中国的投资和融资”，可见英美两国媒体对中国经济发展的极大兴趣。在涉华经济议题的报道上，英美两国媒体正面负面态度交织。正面态度体现在对中国经济发展的称赞以及一些优秀的中国企业和企业家对中国乃至全球经济发展所做出的贡献；负面态度来自于对中国经济实力增强后的“经济威胁论”。

美国媒体方面，在美国根深蒂固的“霸主心态”以及“冷战思维”的影响下，涉华经济议题多表现为负面态度，由此可知，美国是对中国经济强大后心理状态最为复杂的国家。在“一带一路”议题上，美国媒体对中国的“国际秩序观”始终保持怀疑态度，报道和评论时的态度并不友善，其中质疑声最大的媒体是《纽约时报》。但随着“一带一路”的良好发展，不同声音也渐渐出现。《华尔街日报》认为在欧洲和美国的经济发展都趋于缓慢和封闭的时候，“一带一路”的提出是一个具有积极影响的国际倡议，表现出了中国领导人的全球化精神。

英国媒体方面，对中国经济发展的关注超越了政治，态度虽有疑虑，但总体积极。由于欧洲经济的低迷，中国被认为是能够为欧洲经济带来新机遇的国家，英国的主流媒体在涉华经济议题的报道中将中国塑造成正面和友好的形象。焦文（2016）通过研究《泰晤士报》2015 年 10 月的涉华报道发现，经济类话题占比 57%，是所有议题中占比最多的类型，频繁出现“经济增长是显而易见的”“中国在英国投资的步伐是惊人的”之类的带有正面倾向的描述评价。虽然也有“中国经济增速放缓”“巨大威胁”的论调出现在对中国经济发展所带来的能源问题和环境问题的担忧的报道中，但总体基调还是客观的。

关于“一带一路”的议题上，英国与美国态度不同，总体更倾向于正面。基于对中国经济实力的评估，英国媒体普遍认可中国日益强大的经济实力，认为中国能够实现“一带一路”的宏伟目标，带动参与国家的经济发展。《每日电讯报》《经济学人》等媒体在报道和描述中国经济和“一带一路”相关话题时会出现“sufficiently strong”和“global success”等带有褒义色彩的态度词。BBC也发文称“一带一路”令中哈边境城市从荒地变为“新深圳”，不仅肯定了“一带一路”的积极作用，也对中国内部的经济发展给予了高度赞扬。但需要理清的是，虽然英国媒体对中国的经济发展多用了正面的评价，但这是基于英国自身经济发展的不乐观和对中国经济实力的谨慎评估后采用的态度，英国媒体出此态度，他们更关心的是中国经济发展是否对英国有帮助，中国会不会承担起大国责任，带动欧洲经济复兴。

（三）社会文化领域

随着网络新媒体技术的发展，社交媒体在近年已成为英美两国媒体探索和报道中国社会文化的重要窗口。英美两国媒体在涉华报道的社会和文化议题中不再满足于官方宏观的政策和叙事，频频将目光转向了中国民众在社交媒体上的集体狂欢盛况。

2016年@Papi酱的短视频风靡新浪微博，美国财经新媒体Quartz对“Papi酱现象”进行了报道，主要关注视频中的“性别”主题。文章还称Papi酱为“互联网讽刺界的女王”。同年8月底，《纽约时报》也发表了“China’s Viral Idol：Papi Jiang，a Girl Next Door With Attitude”一文对Papi酱进行介绍和分析。在文章中，《纽约时报》对Papi酱进行了较为深入的解读，认为Papi酱短视频的价值在于折射出了中国社会上的诸多现象。比如在Pipa酱的视频中最为火爆的话题包括“性别歧视”“南北方言”等，在《纽约时报》看来，这些话题都反映出了中国社会的真实状况存在的矛盾，具有极大的社会文化价值。除此之外，对于 Papi 酱的资本吸引力，《纽约时报》在表示出惊叹的同时也对未来内容生产的质量与持续性表达了怀疑。英国 BBC 也对“网红”现象表现出了极高的兴趣，不仅将网红作为一个新词汇，还专门发长文对“网红现象”进行了介绍。2016 年的“帝吧出征”事件也引起了美国《华尔街日报》、美联社等媒体的关注。美联社“来者不善”，将重点放在了“翻墙”，明里暗里讽刺我国政府对公众信息封锁。《华尔街日报》对其中“表情包大战”中一些讽刺性的内容表示出了疑惑，这也导致了《华尔街日报》在解读此次事件时出现一些误解。对于中国网络文化交流重要符号的表情包，美国新媒体 Quartz 甚至评选出 2016 年中国网络年度表情包，图文并茂地做了说明与介绍。在西方媒体眼里，中国网络世界是新奇的，但又因为文化差异，在解读之时稍有偏离，也稍显严肃。

除此之外，在中国社交网络上常常成为热门话题的“剩男”“逼婚”“广场舞”“中国大妈”等话题也吸引了英美两国媒体的关注。比如《纽约时报》和 BBC 就在 2017 年同时报道了中国“剩男”的问题，BBC 以“Why Millions of Chinese Men are Staying Single”标题报道了中国“剩男”的现象，还预测了到 2023 年将近 25% 的 30 岁以上中国男人面临无配偶的危机。《纽约时报》网站报道的标题为“In China，a Lonely Valentine’s Day for Millions of Men”，文章认为是过去的计划生育政策和重男轻女的思想导致了如今的“剩男”危机。《华尔街日报》则是为“中国大妈”创造了新词“dama”。

二 英美网络新闻媒体中的中国

美国《时代》杂志曾预言，社交媒体的崛起不仅“会改变世界，还会改变世界改变的方式”。2016 年在美国社交媒体辛勤耕耘的特朗普在总统选举中获胜似乎就验证了此预言。网络新媒体势不可当，俨然已成为公众获取信息认知世界的重要渠道，毫无疑问成为中国塑造国家形象的重要阵地。

众多研究数据表明，无论是声名远扬已久的老牌博客新闻网站《赫芬顿邮报》，还是颇受欢迎的新锐新闻聚合类网站 Buzzfeed 和极具特色的社交新闻站点 Reddit，在涉及中国的话题时都集中在政治领域，再次显示了近年来中国国际地位的不断提高和国际影响力的增强。在有关中国的政治议题的报道中，三家媒体的态度倾向皆为中立偏负面。《赫芬顿邮报》脱胎于政治博客，自然偏好政治新闻的报道，对中美关系给予了高度关注，也显露出对特朗普的批评和对中国崛起的防卫。《赫芬顿邮报》在报道今年“习特会”时曾发文“特朗普在竞选期间抨击中国的货币操控，在与中国国家主席吃了一块巧克力蛋糕之后又改变了自己的态度”。

Buzzfeed 中混合着 UGC、原创内容和聚合内容，约 75% 的流量来自社交媒体，因清单体、谜语等特色大受欢迎。曾有学者在 Buzzfeed APP 中搜索“China”一词发现，近一年中，政治议题几乎占据了一大半，其中受到较高关注的话题也为“中美关系”“朝核问题”和“南海问题”。在报道有关中国的政治议题时，Bezzfeed 同样以美国国家利益为出发点，更多地报道西方政治家的观点，报道中出现的高频词也多为类似于“offensive”“awkward”这样带有负面情感色彩的词汇。

Reddit 作为一个全球知名的自媒体网站，已有超过 1.8 万个虚拟社区。其特点是用户会根据自己的兴趣将看到的新闻转载过来，同其他用户分享，由其他用户进行投票、评论、转载。龚为纲、张严、蔡恒进（2017）利用大数据对 Reddit 网站中 2005 年至 2015 年间有关中国的议题进行分析后发现，2013 年以前负面报道一直处于猛烈之势；2013 年之后，网站中的负面、消极的新闻信息所占比例开始显著下降，客观中立的报道呈上升之势。这与我国自 2012 年以来开始重视媒体平台的建设不无关系。但也由于负面印象持续之久，即使情况好转，2016 年负面消极的新闻依然以 65.32% 的占比超越了客观报道。随机抽取 Reddit 网站中前几页的帖子发现，政治新闻是其网站用户最为热衷讨论的话题，其次是社会议题。在政治议题方面，与 China 有关的新闻频繁出现的词包括“Trump”“US”“North Korea”等，Reddit 的用户热议的话题集中在中美关系上。一篇 2016 年 10 月发布的名为“China just lodged its first diplomatic protest against Donald Trump”[①] 的新闻帖引发 7500 多条留言评论，至今热度依然持续不减。在 Reddit 的涉华政治议题中，负面倾向的新闻和评论占大多数，这其中的因果关系是，越是负面的新闻就越能引发高度的关注和热议。

在经济议题上，由于转载的信息源大多来源于英美国家的强势主流媒体，如路透社、BBC、《卫报》《纽约时报》、CNN 等，网络媒体的立场和态度倾向同这些传统强势媒体无异。《赫芬顿邮报》作为专业性较强的大媒体，在经济议题上态度鲜明，看似意指中国，实则质疑批判特朗普。Buzzfeed 中的有关中国经济报道大多为

① Reddit 用户转载英国《独立报》报道，http://www.independent.co.uk/news/world/asia/china-issues-diplomatic-protest-donald-trump-phone-call-taiwan-president-a7453501.html，2016 年 12 月 3 日。

负面报道，喜欢报道一些中国国内具体的经济问题，比如对中国山寨产品的批判等。

然而在社会文化的议题上，网络新媒体则显得较为中立客观，关注倾向也偏向一些较为有趣的现象，解读方式也不同于传统主流媒体的严肃。这与其用户选择的信息源和关注点有着密切关系。Beezfeed 中有关中国的社会话题多来自微博，偏向于选取一些有影响力的博主的言论，以事件的介绍和呈现为主，评论性内容占少数。Reddti 中有关中国社会的话题更为特别，大多是用户到中国后的所见所闻，所以会有许多关于城市景色、景点方面的帖子出现。比如一篇名为“Old meets new in China”讲的关于重庆景色的文章就引发了许多有趣的讨论，文如其名，这篇文章被认为是中国社会新旧的交替。

三 英美对华舆情的变化

对比美国和英国、法国、德国这 4 个主要欧美国家过去十多年的调查结果看，对华好感度的变化有这样两个趋势，首先是与 2005 年相比，对华好感度均出现较大幅度下滑。总体来看，对华好感度最高的年份是 2006 年，2014 年的结果与之相比，下滑幅度最大的是德国，2006 年为 56%，2014 年为 28%，下降了一半。英法两国下降幅度相对小一些，英国为 18%，法国为 13%。美国的下降幅度为 17%。

从近几年的趋势看，英国的对华好感度基本保持稳定，而美国则有所上升。

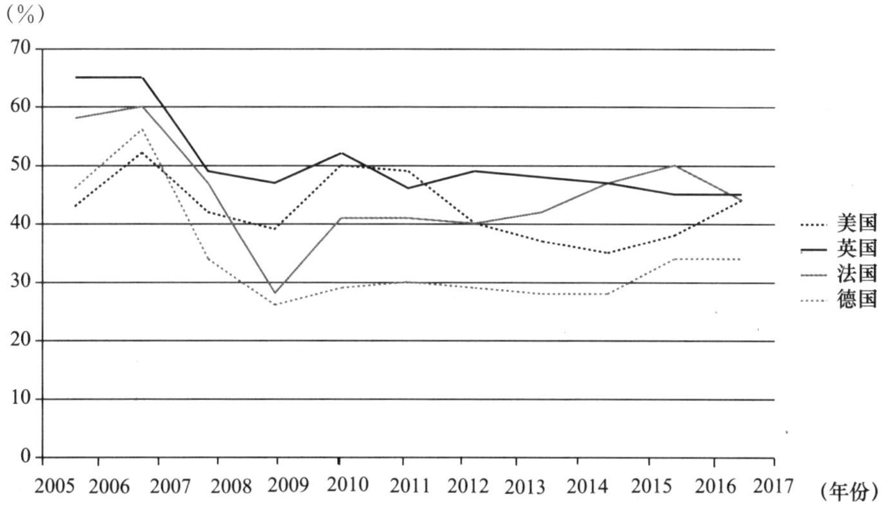

图1 英美对华舆情的变化

参考文献

[美] 沃纳·塞弗林、小詹姆斯·坦卡德:《传播理论:起源、方法与应用》,郭镇之等译,华夏出版社1999年版。

孙有中:《解码中国形象——〈纽约时报〉和〈泰晤士报〉中国报道比较(1993—2002)》,世界知识出版社2009年版。

相德宝:《英国媒介中的中国国家形象——对〈泰晤士报〉的实证研究》,《对外传播》2006年第9期。

殷玉倩:《英美主流媒体如何报道中国——从框架理论看〈卫报〉与〈纽约时报〉涉华报道》,《世界传媒产业评论》2008年第2辑。

WINES M. A More. Assertive Power [J]. The Washington POST, 2010-01-03 (9)。

刘珊、李思明、郝艳:《西方十大媒体2017年涉华报道研究》,《海外舆情研究》,http://mp.weixin.qq.com/s/Vz0y_EFtUD7XbH_U0zMYiw,2017年7月6日。

李占英:《2016境外涉华舆论热点分析与启示》,《对外传播》2016年第12期。

RogerBoyes. Let's not get Paranoid about a Chinese Threat [J]. The Times, 2015-04-29.

清华大学爱泼斯坦对外传播研究中心:《"一带一路"议题的国际舆情分析》,《对外传播》2017年第5期。

焦文：《黄金时代背景下英国主流媒体中的中国形象研究——以对〈泰晤士报〉的内容分析为例》，《新闻转播》2016 年第 22 期。

贾宸琰：《国外媒体为何热衷报道中国社交媒体的狂欢》，《战略传播研究小组》，http：//mp. weixin. qq. com/s/HJZ9uBeKfGL1wMenwJc3Pw，2016 年 10 月 28 日。

龚为纲、张严、蔡恒进：《海外自媒体中涉华舆情传播机制的大数据分析—— 基于 Reddit 平台的海量舆情信息》，《学术论坛》2017 年第 3 期。

Shehab Khan，Feliks Garcia：China issues diplomatic protest asainst Donald Trump for phone call to Taiwan president，http：//www. independent. co. uk/news/world/asia/china-issues-diplomatic-protest-donald-trump-phone-call-taiwan-president-a7453501. html，2016 – 12 – 03.

Tfor patato：Old meets new in China，https：//www. reddit. com/r/pics/comments/7512z9/old_meets_new_in_china/，2017 – 09 – 08.

韦路、吴飞、丁方舟：《新媒体，新中国？网络使用与美国人的中国形象认知》，《新闻与传播研究》2013 年第 7 期。

国外媒体对“一带一路”倡议的相关报道研究

——以俄罗斯为例

金炫美[*]　聂书江[**]

在“一带一路”倡议提出至今的四年多的时间里，已吸引了100多个国家和国际组织参与，并且与四十多个国家和国际组织就共建“一带一路”签署了合作协议。

媒介话语作为精英话语具有透视社会精英观点，引导公众舆论的双重功效。社会公众不可能亲力亲为国际大事，都是由媒体来建构的，媒体提供的信息是公众认知世界、建构认知的重要基础。因此，为有效推广“一带一路”倡议，推进沿线国家的深度了解，需要有针对性地开展“一带一路”沿线重点国家的舆情研究，了解有关“一带一路”媒体报道的现状与变化。本文主要从俄罗斯入手，对其舆论环境进行分析。

* 金炫美，中国社会科学院研究生院新闻与传播学研究系研究生。

** 聂书江，中国政法大学光明新闻传播学院讲师。

一 俄罗斯的舆论环境

2014—2015 年，中国社会科学院舆情实验室分别对俄罗斯、新加坡、越南、印度、阿联酋等“一带一路”沿线国家进行了民调，调查内容包括民众对中国好感度、对中国的印象、来中国旅游的意愿、获取中国信息的途径、对发展与中国关系的意愿、对中国对外传播效果的评价等。与此同时，舆情实验室也对比分析了皮尤全球态度调查的相关数据。

皮尤研究中心（Pew Research Center）是美国的一家独立的民间智库，受非营利性质的皮尤慈善信托基金会资助。“皮尤全球态度调查项目”从 2002 年开始启动，第一次只在日本、韩国、俄罗斯、印度尼西亚等为数不多的国家执行，从 2005 年开始，扩大到十多个国家实施，中国也开始成为调查对象国。此后，调查的范围和规模逐步扩大，如，2013 年为 39 个国家，2014 年则增加到 44 个。每个国家样本量在 1000 左右。其中，涉及国家形象的包括：对该国是否有好感，对该国领导人的印象，认为该国的经济增长，对本国是一件好事还是坏事，认为该国政府是否尊重人民的个人自由等。除了综合调查数据与报告发布外，近年来，皮尤不断发布单独针对中国的调查报告。调查和研究结果经媒体报道后，引起了国际社会的广泛关注，对舆论有很大影响，也间接成为影响中国国家形象的一个因素。

综合两类调查的结果，根据不同国家对中国持有的好感度的高低，可以将“一带一路”沿线国家的对华民意分为四大类。

国民间友好程度低必然造成彼此关系的疏远和僵化，从而减少并影响国家间的战略互动与合作。此外，从调查结果可以看出，沿线国家民众对中国媒体和信息的接触程度普遍较低，对中国文化感兴趣的程度也远远低于欧美和日韩流行文化。

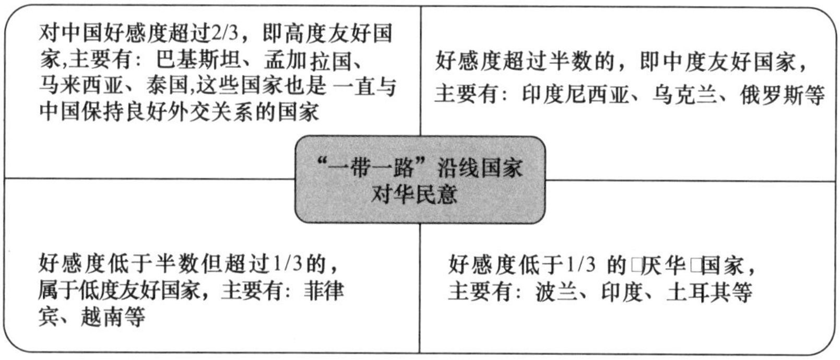

图1　“一带一路”沿线国家对华民意

而俄罗斯的情况与之不同。2014 年以来，随着原油价格暴跌以及西方国家的制裁，俄罗斯货币不断贬值，俄罗斯经济陷入危机。这种危机主要源于三个方面：首先，乌克兰危机之后，欧美国家对俄罗斯实施了经济制裁；其次，国际原油价格不断下跌，而俄罗斯是能源出口依赖程度很强的国家，这使得其国家财政收入不断减少；最后，国内经济状况的不景气导致国外企业对俄罗斯的经济信心骤降，资本外流加剧。① 在这种背景下，俄罗斯逐步将发展重心转向以中国为代表的东方国家。

从皮尤研究中心在 2015 年春季进行的全球态度调查“俄罗斯国民如何看待中国与美国”相关数据中（见图 2）可以看到，从 2002 年到 2011 年，虽然中国的数据始终高于美国，但两国之间的差异不是很大，这主要由于美国的数据在不断地波动。而从 2013

① 刘卫东、田锦尘、欧晓理等著：《“一带一路”战略研究》，商务印书馆 2017 年版，第 294 页。

年开始，美国的数据急剧下降，相反，中国的数据逐渐上升，到2015年中美两国的数据之差达到了64个百分点。

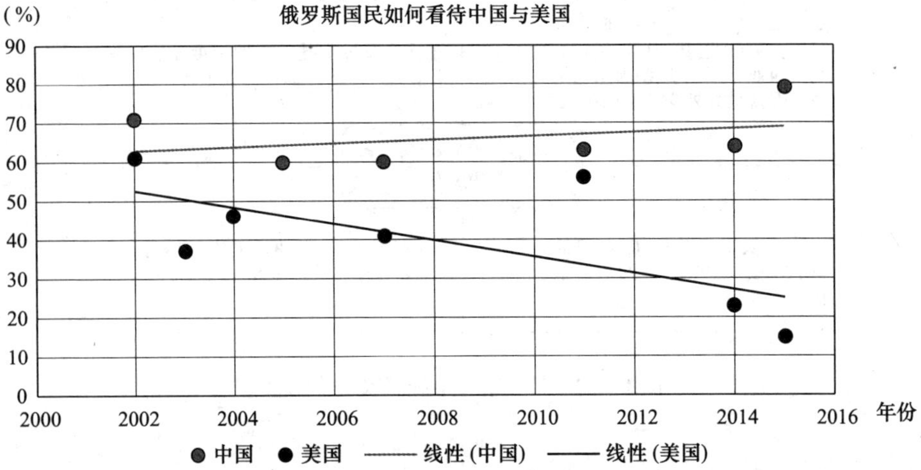

图2 俄罗斯国民如何看待中国与美国

资料来源：《2015春季全球态度调查》，皮尤研究中心。

在皮尤研究中心2017春季全球态度调查（见图2）中可以看到，印度认为相比于美国（19%）与俄罗斯（17%）的威胁，中国的影响力所带来的威胁（44%）是更大的。而俄罗斯则相反，相比于中国（19%），来自美国（37%）的威胁更为严重。

表1 __是我们国家主要的威胁 (%)

国家	ISIS	全球气候变暖	其他国家对本国的网络攻击	全球经济状况	大量的难民	美国的力量与影响力	俄罗斯的力量与影响力	中国的力量与影响力
美国	74	56	71	37	36	—	47	41
俄罗斯	58	35	34	38	37	37	—	19

续表

国家	ISIS	全球气候变暖	其他国家对本国的网络攻击	全球经济状况	大量的难民	美国的力量与影响力	俄罗斯的力量与影响力	中国的力量与影响力
印度	66	47	43	34	35	19	17	44
英国	70	59	61	37	36	35	43	32

资料来源：《2017 春季全球态度调查》，Q17a－h，皮尤研究中心。

同样在皮尤研究中心《2017 春季全球态度调查》（见表 2）中，各个国家对中国表现出不同的看法。俄罗斯对中国的友好程度较高（70%），而印度对中国的友好程度仅为 26%，不友好的程度仍占多数。

表 2　　不同地区对中国的看法　　（%）

国家	不喜欢	喜欢
美国	47	44
英国	37	45
俄罗斯	24	70
印度	41	26
日本	83	13
加拿大	40	48

资料来源：《2017 春季全球态度调查》，Q12c，皮尤研究中心。

二　俄罗斯媒体对“一带一路”倡议的报道分析

一方面，俄罗斯在“一带一路”沿线关键区域——中亚有着其自身的战略利益，另一方面，担心中国会借助经济影响力向中亚地区施加政治影响，并逐步排挤俄罗斯在中亚的地位，因此，俄罗斯曾一度质疑“一带一路”倡议在利益协调、资金管理及合作机制方面存在着问题。

但是，随着两国的全面战略协作伙伴关系不断巩固深化，以及中国东北老工业基地振兴战略的互动合作的开展，从俄罗斯对中国“一带一路”的态度变化来看，在“一带一路”倡议提出两年后，俄罗斯正式决定融入“一带一路”。

（一）从警惕、质疑两国在中亚利益上的“冲突”到融入“一带一路”

总体来说，从近年来中俄两国关系的变化发展来看，两国的全面战略协作伙伴关系正不断巩固和深化，已形成了中俄全面战略对接合作的新格局。此外，当前的“一带一路”建设对接合作以及中国东北老工业基地振兴战略的互动合作等，为双边关系的可持续发展奠定了良好基础。

2017 年 4 月 18 日，塔斯社发表《中国外交部长王毅：中俄两国同意要一同致力于“一带一路”倡议》[①] 的文章，转述了王毅在接受塔斯社记者采访时的回复，王毅表示，中俄两国和中亚部分国家已经在实施“一带一路”倡议过程中取得了重大进展。

2017 年 5 月 15 日，塔斯社发表题为《普京：俄罗斯将积极参与“一带一路”项目》[②] 的文章，普京表示，这一切都顺应了现代发展的潮流，是十分必要和高度要求的，而这也是为什么俄罗斯不

---

① 塔斯社：《中国外交部长王毅：中俄两国同意要一同致力于“一带一路”倡议》，http：//tass. com/economy/941828。

② 塔斯社：《普京：俄罗斯将积极参与“一带一路”项目》，http：//tass. com/economy/945841。

仅支持“一带一路”项目，也将与中国合作伙伴以及其他感兴趣的伙伴一同参与实施这一项目的原因。

2017 年 6 月 15 日，塔斯社发表题为《一带一路峰会为欧亚合作新阶段铺平道路》[①] 的文章，转述了普京在一带一路峰会期间接受记者提问时的回复。普京表示，一带一路峰会标志着一个新的欧亚合作的开始，他认为，现在最重要的事情是推进欧亚经济联盟（EAEU）和中国丝绸之路经济带倡议的合力。他还表示，这项工作将是有效的，既有利于中俄两国人民，也将有利于影响全球环境。

2017 年 11 月 8 日，塔斯社再次发表题为《普京：大欧亚伙伴关系项目向新参与者开放》[②] 的文章，转述了俄罗斯总统普京在亚太经合组织领导人非正式峰会上针对各国媒体发表的文章内容。普京表示：“我想谈一下我们建立欧亚伙伴关系的想法。在我们建议的基础上，形成了欧亚经济联盟和中国的一带一路。重申一下，这是一个对其他与会者开放的灵活的现代化项目。”

（二）关注中俄两国间具体问题——文化活动、科技成就、社会问题等

从 2013 年到 2015 年，俄罗斯主要新闻周刊《论据与事实》涉华社会类报道总计 251 篇，专论中国社会相关问题的报道有 22 篇。其中正面积极报道 13 篇，负面报道 9 篇。

社会类新闻一直是俄罗斯媒体中涉华报道的主要内容，它涵盖

① 塔斯社：《一带一路峰会为欧亚合作新阶段铺平道路》，http：//tass. com/economy/951603。

② 塔斯社：《普京：大欧亚伙伴关系项目向新参与者开放》，http：//tass. com/economy/974700。

了中国社会的各个方面。其中，中俄文化活动、中国科技成就以及中国社会问题这三个方面是俄罗斯媒体的关注焦点。

中俄文化活动方面，俄媒主要关注赴俄中国游客的情况，以及对俄罗斯经济带来的机遇。《论据与事实》新闻周刊报道了俄罗斯对中国游客的重视——2014 年，中国游客为俄罗斯带来超过 10 亿美元的财政预算，文化部专门为中国游客制定了“红色路线”，即列宁走过的地方（喀山—乌里扬诺夫斯克—圣彼得堡—莫斯科）。

对于中国的科技成就，俄媒主要关注了中国高铁的成就和航天科技的发展。俄罗斯媒体对中国的“高铁”充满兴趣，他们在报道中提到“高铁”成为近几年来中国铁路发展的代名词——作为商业用途火车，中国铁路“和谐号”创造了新的世界纪录。

针对中国社会问题，俄媒主要从人口增长率骤减，以及居民健康问题等方面进行了报道。此外，俄媒体对中国的“计划生育政策”基本持肯定态度，而同时也报道了中国社会的一些现实问题，如“治病难”“医疗费用高昂”等。

2017 年 5 月 15 日，塔斯社发表题为《普京：一带一路倡议为全球经济带来稳定》① 的文章，表述了普京在“一带一路论坛”记者招待会上发表的言论：美国内部的政治斗争，英国脱欧等问题令世界经济紧张，而“一带一路”项目带来了稳定。

“一带一路”合作高峰论坛期间，塔斯社也报道了普京参加“一带一路”论坛的行程，并介绍道，丝绸之路经济带的倡议是由中国领导人习近平在 2013 年提出的。该项目旨在中部、南亚和欧洲之间建立运输、能源和贸易联系，加强科学技术合作，深化各国

① 塔斯社：《普京：一带一路倡议为全球经济带来稳定》，http：//tass.com/economy/945891。

之间的经济互动。

11 月 1 日，塔斯社发表文章《中俄两国对支付系统的整合》[1]，提出中俄两国的支付系统——米尔支付系统和银联支付系统的整合工作正在进行。俄罗斯总理梅德韦杰夫认为，这种系统的出现“将允许在俄罗斯和其他国家的领土上使用信用卡交易。并且这些前景非常有希望，将会避免使用美国支付系统时出现的问题”。

11 月 3 日，塔斯社发表文章《莫斯科和北京签署 2018—2022 合作计划》[2]，表示 2018—2020 年北京和莫斯科之间的合作项目已签署。这个项目涉及的范围不仅仅在经济领域，还包括城市发展，以及创造一个舒适的城市环境，共享经验等。一周后，塔斯社又发表了一篇中俄两国寻求新领域合作的报道，主要谈论俄罗斯总统普京对中俄两国关系的定位与发展方向，同时也涉及两国领导人的高层对话。报道表示，俄罗斯和中国将尽全力寻找新的合作领域，同时，也将不遗余力地推进实施既有项目。

有关高层对话，主要包括俄罗斯总统普京祝贺中国共产党的十九大顺利闭幕以及祝贺习近平连任国家主席。普京认为，这次大会的结果不仅证明了习近平的权威性，也是中国人民对习近平执政过程中所获的成绩的认可与支持。另外，普京还表示，与中国的全面战略合作是俄罗斯外交政策的重中之重。同时，文章也谈到了习近平对普京的回复，在对普京的祝贺表达感谢的同时，习近平还赞扬了一些联合项目的成功实施，包括在天然气领域，飞机制造等。习近平还强调，中国愿进一步发展与俄罗斯的关系。

---

① 塔斯社：《中俄两国对支付系统的整合》，http：//tass. com/economy/973546。

② 塔斯社：《莫斯科和北京签署 2018—2022 合作计划》，http：//tass. com/economy/974042。

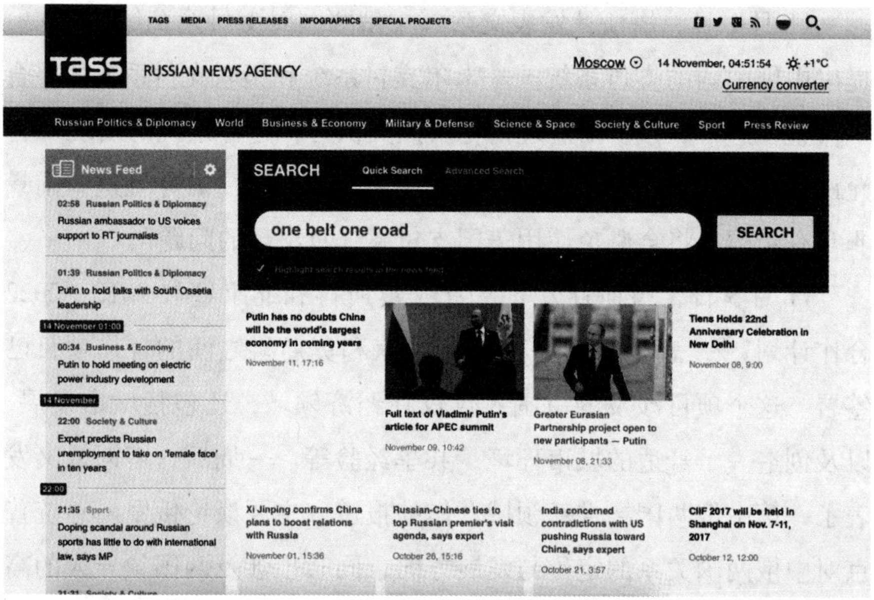

图3 2017年11月14日塔斯社关于“ONE BELT ONE ROAD”的页面

（三）领导人效应——高层对话带动媒体、学者对华关注热度

自2014年5月普京访华以来，中俄关系日益密切，促进了俄罗斯媒体对中国经济的广泛关注。而2017年“两会”召开之际，俄罗斯对“两会”给予了高度关注。从开幕前的预热，到政府工作报告，再到15日闭幕后李克强总理的新闻发布会，俄罗斯新闻社、塔斯社、俄国家电视台以及《俄罗斯报》《独立报》《生意人报》等主流媒体均进行了详细报道，而中俄关系发展、“一带一路”建设、中俄经贸合作更成为俄媒关注的重点。

同时，俄媒2017年报道中国“两会”时格外重视对“一带一路”倡议的报道。俄舆论普遍认为，作为当今世界“最好的全球化发展模式”，“一带一路”倡议对俄罗斯的对外经济合作十分重要。

"两会"期间，俄新社举办了以"一带一路"为专题的座谈会，邀请中俄智库专家共同解读"两会"传达出的"一带一路"政策目标。

《俄罗斯报》刊文指出，对俄而言，"一带一路"不但是基础设施和运输走廊，从更广泛的意义上来说，它应当是一个地区国家实现共同发展的宏伟目标。在这一框架下，俄中两国及周边一些国家可以在运输走廊、投资、人道主义、银行间和旅游合作等方面实现共同发展，从而为整个地区的政治稳定和安全提供强大的保障。

俄罗斯连塔网 2016 年 6 月 15 日发表题为《统一的欧亚——"新丝绸之路"是什么、有多现实》[①] 的文章称，"一带一路"倡议被认为是中国现任领导层的主要优先任务之一，该倡议将在整个欧亚地区建立统一的经济繁荣空间。

2017 年 11 月 1 日，塔斯社发表题为《习近平明确了中国将会加强与俄罗斯的关系意向》[②] 的文章，谈到俄罗斯总理梅德韦杰夫期待中国共产党第十九次全国代表大会之后，莫斯科与北京的战略互动能够进一步扩大。文章还谈道，梅德韦杰夫与中国国家主席习近平会晤期间表示："我们了解这些决定对我们的友好国家，中国的发展是多么的重要，我们期待这些决定将进一步扩大我们的合作伙伴关系和全面的战略互动。"此外，文章还对俄罗斯总理和中国国家主席习近平的会晤内容进行了详细的阐述。

① 参考消息网：外媒："一带一路"造富中国惠及世界，http://column.cankcoxiaoxi.comlg/2016/0617/1195326.shtml。

② 塔斯社：《习近平明确了中国将会加强与俄罗斯的关系意向》，http://tass.com/world/973664。

（四）造福邻居——对其他国家与地区的积极影响

2017 年 11 月 9 日，俄罗斯总统普京在车里雅宾斯克出席第十四届俄罗斯和哈萨克斯坦地区间合作论坛。当天，塔斯社发表题为《从中国到欧洲的铁路可能对俄罗斯和哈萨克斯坦经济产生良好的影响》[①] 的文章，阐述普京表达了从中国到欧洲，通过俄罗斯地区和哈萨克斯坦的新铁路的开通会对行业和两国物流产生积极的影响。

但也有声音认为，中俄两国间关系是一种“排他性”推进。莫斯科国立大学国家行政学院第一副院长认为，今日的中俄关系没有联盟的形式，而是建立了一种新的国际政治经济关系，这种关系完全独立于西方的影响之外。

参考文献

马建英：《美国对中国“一带一路”倡议的认知与反应》，《世界经济与政治》2015 年第 10 期。

李文、蔡建红：《“一带一路”对中国外交新理念的实践意义》，《东南亚研究》2015 年第 3 期。

薛庆国：《“一带一路”倡议在阿拉伯世界的传播：舆情、实践与建议》，《西亚非洲》2015 年第 2 期。

黄慧：《阿拉伯媒体的“一带一路”报道倾向研究》，《西亚非洲》2016 年第 2 期。

程曼丽：《中巴经济走廊舆论环境分析》，《当代传播》（汉文版）2016 年第 2 期。

林民旺：《印度对“一带一路”的认知及中国的政策选择》，《世界经济与政治》2015 年第 5 期。

黄凤志、刘瑞：《日本对“一带一路”的认知与应对》，《现代国际关系》2015 年第

① 塔斯社：《从中国到欧洲的铁路可能对俄罗斯和哈萨克斯坦经济产生良好的影响》，http：//tass. com/economy/974884。

11 期。

余潇枫、张泰琦:《"和合主义":建构"国家间认同"的价值范式——以"一带一路"沿线国家为例》,《西北师范大学学报》(社会科学版)2015 年第 6 期。

贺潇潇:《我国对"一带一路"国家网络传播的现状与对策——以中亚五国为例》,《对外传播》2015 年第 6 期。

周凯:《全球化背景下"一带一路"建设的对外传播》,《对外传播》2015 年第 3 期。

王义桅:《"一带一路"的国际话语权探析》,《探索》2016 年第 2 期。

寇立研、周冠宇:《"一带一路"对外传播需要把握的十对关系》,《对外传播》2015 年第 3 期。

崔莉萍:《基于"一带一路"推动中华文明在欧亚大陆的再传播》,《新闻大学》2014 年第 5 期。

李宇:《新媒体环境下"一带一路"沿线文化传播模式研究》,《新闻知识》2015 年第 7 期。

程曼丽:《大众传播与国家形象塑造》,《国际新闻界》2007 年第 3 期。

专　著

王义桅:《"一带一路":机遇与挑战》,人民出版社 2015 年版。

李希光:《妖魔化与媒体轰炸》,江苏人民出版社 1999 年版。

王辉、贾文娟:《国外媒体看"一带一路"》,社会科学文献出版社 2016 年版。

李永全:《"一带一路"建设发展报告》,社会科学文献出版社 2016 年版。

日本对华舆论与媒体报道的变化趋势

刁恬甜*

本文介绍了在如今的互联网时代的背景下，日本大众媒体对华报道的一般概况与近年来的变化，并就2014年与2017年上半年期间，《朝日新闻》对华报道内容进行了重点比较。同时，对日本网络上出现的反中右翼和反华书的出版状况做了分析。

一　日本媒体对华报道的变迁与涉华舆情

日本媒体在第二次世界大战时期，成为军部操控日本国内舆论的工具，日本媒体在一定程度上也起到了推动战争的作用。第二次世界大二战之后，美国占领军对日本媒体进行了一系列的强制改革将日本媒体从政府的控制中脱离出来，具体的措施包括追究战争时期部分新闻人的责任，明确报纸采编权的归属，成立日本新闻协会，培育新报纸等。历经战后改革的日本媒体在一定意义上逐渐成

* 刁恬甜，香港大学日本研究所在读博士生。

为监督政府行为的“第四种权力”，并且成为普通民众获得信息的重要工具。战后的日本报纸、广播、电视以及杂志都投入了大量的人力物力在生产新闻报道上。由于历史和地缘政治环境，日本媒体的国际报道中，与中国相关的报道无论从数量还是篇幅长短上来说都是非常多的，而且近些年来中国的报道甚至超过了对美国的报道。日本的传统媒体，例如《朝日新闻》《读卖新闻》以及NHK、日本电视台等，在中国的主要城市设立有记者站。近些年来中日关系出现了诸多摩擦，而伴随着这些摩擦的则是两国媒体在相互报道对方时出现的对立，互相之间的好感度不断创新低。许多学者指出，媒体报道在促进中日关系的改善和互相之间的认识上负有重大责任。

日本媒体对华报道的一个最大的特点就是，随着中日关系的发展出现起伏，日本媒体除了对与中日关系密切相关的诸如领土问题，中国对日本的政策等较为宏大的话题给予关注外，也将目光投向了中国国内的热点社会，政治以及经济话题。无论是日本的纸媒还是电视媒体，经常出现以中国为主角的系列报道，而这些报道多来自各家媒体常驻中国的特派员记者，从关注的话题上来看经常与中国国内媒体所关注的热点问题有所重合。

许多学者已经指出，日本媒体的对华报道的“负面报道”居多，中日两国的媒体处于不同的媒体制度之下，战后的日本媒体经过了改革之后独立于权力，对政府持批评态度，而这一点自然也呈现在对华报道中。随着中国经济的发展，日本媒体对中国的关注重点已经从中日两国恢复邦交初期的强调中日之间的友好交流，转移到不断叩问“中国将走向哪里?”这一点。接下来将以《朝日新闻》2014年上半年与2017年上半年期间的中国相关的报道作为例子，解释日本媒体对华报道的特点。

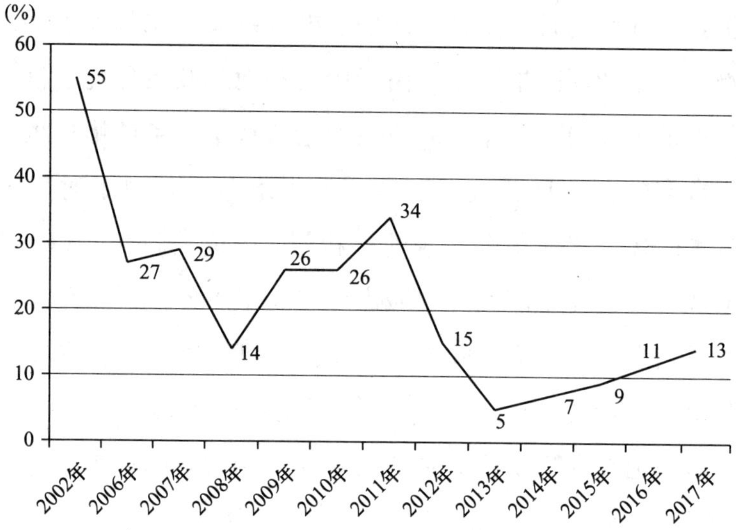

图1 日本对华好感度的变迁

注：皮尤调查网可查资料是2002年、2006年。

二 《朝日新闻》涉华报道比较分析

《朝日新闻》的发行量仅次于《读卖新闻》，作为日本的第二大报纸，其政治立场被认为是在日本国内偏左的自由主义立场，瞄准的是教育和收入水平较高的读者群体。

通过《朝日新闻》的在线数据库，以“中国”为关键词对《朝日新闻》在东京、名古屋和大阪发行的早晚版进行了检索。考虑到日本媒体对中国相关的各方面的话题都非常关心，此次所检索的版面限定为头版，综合、社会、国际、政治、经济、教育，以及科学医疗这八个版面。在2014年1月1日至2014年6月30日期间，共有2145篇报道是以“中国”为关键词；2017年1月1日至2017年6月30日期间，共有1853篇报道以“中国”为关键词。这一结果删除了与日本的“中国”地区相关的报道。

对这两个时期的报道主题和内容进行比较之后，不难发现虽然一些与中日关系密切相关的传统话题，例如日本首相及政治家对靖国神社的参拜，钓鱼岛问题，中日两国在海洋资源开发上开设两国间的热线电话，中国在朝鲜问题上的调停角色，都获得了《朝日新闻》的高度关注。但是，这些报道在中国相关的报道中所占的比例并不是很高。例如，以“尖阁”为关键词对2014年上半年期间的报道进行再次检索，只有5篇文章是围绕钓鱼岛（尖阁诸岛）展开的报道。而在2017年上半年期间，也只有4篇报道是与钓鱼岛问题密切相关。这反映出日本媒体的对华报道是随着中日关系中的相关事件而变动，当中日关系处于平稳期，《朝日新闻》并未对一些与中日关系密切相关的传统话题进行过多的报道。值得指出的是，2014年1月20日与21日的《朝日新闻》刊登了两篇关于对2008年“毒饺子事件”投毒人判决的长篇报道。2008年出自中国河北的天洋食品厂的速冻饺子，由于混入了严重超标的甲胺磷，导致7名日本消费者进入医院接受治疗，中国食品对日本的出口加工因为该事件而遭受了巨大的打击。在事件的调查过程中，中日两国出现了对立，日本各家媒体对中国的食品安全问题在2008年进行了集中的报道。关于“毒饺子事件”的两篇长篇报道展示出《朝日新闻》对曾经拨动中日关系的事件进行持续的追踪。

相较于与中日关系密切相关的课题，《朝日新闻》对中国的关注更多地放在了与中国国内的话题上，无论是从报道的数量还是每一篇报道的长度来看，很多深入的分析都集中于中国国内的热点话题，从报道的主题来看，与中国国内媒体的报道热点有很多的重合之处。例如在2014年上半年期间，获得最多报道篇幅的是中国的环境污染治理，例如为了减少大气污染而颁布的环保车补贴政策①，中日韩三国之间为了应对大气污染问题而展开的合作②，以及由于中国的PM2.5的问题为生产空气污染测量仪器的日本企业所带来的商机③。对于中国国内政治相关的一个重要的报道点，集中在了中国国内的反腐败上。在2014年与2017年上半年的时间段，都对中国的反腐败的过程和结果进行了连续的报道。例如在2017年详细地报道了中国金融界的反腐④，以及原天津市市长黄兴国受贿案⑤。在2017年上半年的报道中，有两个显著的重点，其中一个是中国的"一带一路"政策，在2017年1月1日至6月30日期间，"一带一路"的相关报道一共有10篇，其中的6篇都是长篇报道。由于2017年香港回归迎来了二十周年，在2017年上半年的报道中《朝日新闻》对香港回归后的二十周年里历经的变化进行了详细描述⑥，报道的内容包括香港新任行政长官的选举以及故宫在香港的展览计划引起的争议⑦。除此之外，《朝日新闻》对中国社会细致的观察还表现在对中国经济生活的密切关注，而计划生育和二胎政

① 2014年2月14日 朝刊2外報「中国、大気汚染対策に1700億円 エコカー補助金や監視強化」。

② 2014年3月21日 朝刊2総合「PM2.5、越境汚染 立ち向かう日中韓 不和超え、政策対話」。

③ 2014年1月9日 朝刊5総合「PM2.5計測器、中国に進出 浜松ホトニクス」。

④ 2017年1月21日 朝刊2外報「反腐敗」組織、来年3月に全国に下部組織 中国の国家監察委。

⑤ 2017年1月23日 朝刊1外報 黄・元天津市長を収賄罪で立件へ 中国「最高検」が発表。

⑥ 2017年6月29日朝刊2総合（いちからわかる!）香港返還から20年、中国との関係は?

⑦ 2017年3月19日朝刊1外報香港に「故宮博物館」計画、波紋 「情報開示不足」長官選挙で追及。

策是显著的重点。比如《朝日新闻》在2014年1月10日的社会版对于张艺谋违反计划生育政策罚款748万元这一事件进行了详细的介绍。在2017年的3月12日和5月7日的两篇长篇报道中，回顾了二胎政策的提出和施行，以及中国在二胎政策开始之后所面临的诸如儿科医生不足这样的问题。在2017年4月4日《朝日新闻》的朝刊经济版的第一版发表了一篇关于中国智能手机app的文章，该文章的着眼点在于能为生活提供便利的各种软件，例如电子在线支付、打车软件、微信在中国各个城市的流行，并且分析了这一现象背后的原因。较之《朝日新闻》之前的报道，从2014年和2017年上半年的报道中，到访日本的中国游客和中国不断增长的出境游人数成为《朝日新闻》一个新的关注点。《朝日新闻》对中国的报道内容是丰富的，关注的话题也非常广泛，其派驻于中国的记者对中国的社会热点进行持续的追踪。

通过《朝日新闻》2014年和2017年上半年的报道，也不难看出《朝日新闻》在不断反复地叩问“中国将走向何处”？最为典型的是在文中反复提及中国经济与国防预算的关系。例如在2014年3月6日《朝早新闻》晨刊的综合版刊发了两会相关的报道，在标题中强调了大国意识和国防预算12.2%的增加，同时在文章中指出了中国经济增长中的各种问题，并且强调即使是在经济出现了诸多问题的状况之下，中国仍然坚持国防预算的增幅①。《朝日新闻》的这一报道隐含着“中国有不同的意识形态”这一点，并且对中国的意识形态持批判态度。

① 2014年3月6日朝刊2総合「中国、膨らむ大国意識　全人代開幕、国防予算12.2%増」。

三 “中国崩溃论”开始走下坡路

作为一个媒体大国，日本有着发达的出版行业，以中国为主角的相关书籍在出版行业中占有重要的位置，“中国威胁论”和“中国崩溃论”这两个主题的书销量曾一度非常好。这些书的描述所隐含的框架仍然是“中国与其他国家是不同的”，究其原因则在对中国政治体制的批评。

据日本记者高口康太的观察，他指出“中国威胁论”书籍的主要消费者集中在60岁上下。近年来随着网络社交媒体的发展在日本出现的“网络右翼”（internet-right）并不是这些书籍的主要消费者。日本的网络右翼主要指的是，在网络空间中不断发表排外主义言论，并明确表示“反中”“反韩”的互联网用户，而网络右翼在现实生活中对纸质媒体的消费量是很少的。对于出版商来说“中国威胁论”或“中国崩溃论”为主旨的书籍出版成本较低，这一类的书籍通常是与一些以批判中国的海外观察家的言论和一部分中国国内的新闻为主要资料编辑而成，出版策划并不是基于采访或从中国实地收集的资料。书店会给予这些书籍一部分的空间来吸引顾客。当中日关系出现波动的时候，许多日本的读者走进书店拿到的往往就是这一类书。如此，在日本就形成了这样一个出版社—书店—读者购买的链条，而这些以“中国崩溃论”为主旨的书籍也在一定程度上影响了日本的对华舆情。

最近，日本的媒体人观察到曾经风靡一时的这些书籍，最近的销量却出现了下滑。中日关系近年来的平稳状况，是最近“中国崩溃论”书籍的消费走下坡路的一个主要原因。但是这一类书籍的出版以及将来的发展趋势还有待观察。

大众媒体除了起到传播信息的作用，还发挥议程设置的作用，在舆论形成的过程中通过报道内容和框架潜移默化地影响受众。日本媒体的对华报道遵循国际报道最本质的特性，也就是随着两国的政治关系的变动在关注点上有所调整。当中日关系趋于平稳的时期，日本媒体更多的注意力放在了中国国内的问题上。日本媒体并无正面报道和负面报道的区分，在报道中对社会现象的批判和怀疑是日本记者引以为豪的新闻专业主义（journalistic professionalism）的体现。因此在对华报道上，一直以来是以我们看到的“负面”报道为主。由于中国的持续发展，日本媒体在试图回答“中国将走向哪里?”这一问题的时候，出现了“中国威胁论”和“中国崩溃论”这样的说法。究其根本，在于日本对中国不同政治制度抱有的疑问，以及价值观上的不同。而中国相关报道和与中国相关的出版物，毫无疑问极大地影响了日本的对华舆情。